humanística 38

Humanística

1. *Introdução à vida intelectual*, João Batista Libanio
2. *Norma linguística*, Marcos Bagno
3. *A inclusão do outro — Estudos de teoria política*, Jürgen Habermas
4. *Sociologia da comunicação*, Philippe Breton, Serge Proulx
5. *Sociolinguística interacional*, Branca Telles Ribeiro, Pedro M. Garcez [org.]
6. *Linguística da norma*, Marcos Bagno [org.]
7. *Abismos e ápices*, Giulia P. Di Nicola, Attilio Danese
8. *Verdade e justificação — Ensaios filosóficos*, Jürgen Habermas
9. *Jovens em tempos de pós-modernidade — Considerações socioculturais e pastorais*, J. B. Libanio
10. *Estudos em filosofia da linguagem*, Guido Imaguire, Matthias Schirin
11. *A dimensão espiritual — Religião, filosofia e valor humano*, John Cottingham
12. *Exercícios de mitologia*, Philippe Borgeaud
13. *Paz, justiça e tolerância no mundo contemporâneo*, Luiz Paulo Rouanet
14. *O ser e o espírito*, Claude Bruaire
15. *Scotus e a liberdade — Textos escolhidos sobre a vontade, a felicidade e a lei natural*, Cesar Ribas Cezar
16. *Escritos e conferências 1 — Em torno da psicanálise*, Paul Ricoeur
17. *O visível e o revelado*, Jean-Luc Marion
18. *Breve história dos direitos humanos*, Alessandra Facchi
19. *Escritos e conferências 2 — Hermenêutica*, Paul Ricoeur
20. *Breve história da alma*, Luca Vanzago
21. *Praticar a justiça — Fundamentos, orientações, questões*, Alain Durand
22. *A paz e a razão — Kant e as relações internacionais: direito, política, história*, Massimo Mori
23. *Bacon, Galileu e Descartes — O renascimento da filosofia grega*, Miguel Spinelli
24. *Direito e política em Hannah Arendt*, Ana Paula Repolês Torres
25. *Imagem e consciência da história — Pensamento figurativo em Walter Benjamin*, Francisco Pinheiro Machado
26. *Filosofia e política em Éric Weil — Um estudo sobre a ideia de cidadania na filosofia política de Éric Weil*, Sérgio de Siqueira Camargo
27. *Si mesmo como história — Ensaios sobre a identidade narrativa*, Abrahão Costa Andrade
28. *Da catástrofe às virtudes — A crítica de Alasdair MacIntyre ao liberalismo emotivista*, Francisco Sassetti da Mota
29. *Escritos e conferências 3 — Antropologia filosófica*, Paul Ricoeur
30. *Violência, educação e globalização — Compreender o nosso tempo com Eric Weil*, Marcelo Perine, Evanildo Costeski [org.]
31. *A Filosofia na Psicologia — Diálogos com Foucault, Deleuze, Adorno e Heidegger*, Carlos Roberto Drawin, João Leite Ferreira Neto e Jacqueline de Oliveira Moreira [org.]
32. *Las Casas e Zumbi — Pioneiros da consciência social e histórica na luta pelos direitos dos Índios e dos Negros*, Frei Carlos Josaphat
33. *O Tempo Biológico em Teilhard de Chardin*, Witold Skwara
34. *O problema do mal no pensamento de Agostinho*, Makyl Angelo X. Mendes
35. *Deus e o homem e sua relação em Santo Agostinho*, Walterson José Vargas
36. *A oficina de Nostradamus — O futuro inventado pelas Profecias*, Paolo Cortesi
37. *Origens do drama clássico na Grécia Antiga*, Rafael Guimarães Tavares da Silva
38. *Crer apesar de tudo — Conversações livres sobre o presente e o futuro do catolicismo*, Joseph Moingt

CRER APESAR DE TUDO

Conversações livres sobre o presente
e o futuro do catolicismo

JOSEPH MOINGT, SJ

Tradução
Enio Paulo Giachini

humanística

Entrevista feita por Karim Mahmoud-Vintam
em colaboração com Lucienne Gouguenheim

Edições Loyola

Título original:
Croire quand même — Libres entretiens sur le présent et le futur du catholicisme
© Temps Présent, 2010
68 rue de Babylone 75007 Paris
ISBN 978-2-916842-10-3

Dados Internacionais de Catalogação na Publicação (CIP)
(Câmara Brasileira do Livro, SP, Brasil)

Moingt, Joseph, 1915-2020
Crer apesar de tudo : conversações livres sobre o presente e o futuro do catolicismo / Joseph Moingt ; tradução Enio Paulo Giachini. -- São Paulo, SP : Edições Loyola, 2022. -- (Coleção humanística ; 38)

Título original: Croire quand même : libres entretiens sur le présent et le futur du catholicisme.
ISBN 978-65-5504-192-7

1. Eclesiologia 2. Fé (Cristianismo) 3. Igreja Católica 4. Igreja e o mundo 5. Teologia pastoral I. Título. II. Série.

22-115401   CDD-262.1

Índices para catálogo sistemático:
1. Igreja e o mundo : Cristianismo   262.1
Eliete Marques da Silva - Bibliotecária - CRB-8/9380

Capa: Manu Santos
Diagramação: Desígnios Editoriais
Revisão técnica: Danilo Mondoni, SJ
Revisão: Rita Lopes

Edições Loyola Jesuítas
Rua 1822 n° 341 – Ipiranga
04216-000 São Paulo, SP
T 55 11 3385 8500/8501, 2063 4275
editorial@loyola.com.br
vendas@loyola.com.br
www.loyola.com.br

Todos os direitos reservados. Nenhuma parte desta obra pode ser reproduzida ou transmitida por qualquer forma e/ou quaisquer meios (eletrônico ou mecânico, incluindo fotocópia e gravação) ou arquivada em qualquer sistema ou banco de dados sem permissão escrita da Editora.

ISBN 978-65-5504-192-7

© EDIÇÕES LOYOLA, São Paulo, Brasil, 2022

Sumário

Nota do editor 7

Nota do autor 11

Prólogo 17

Primeiro dia
SEM SEQUÊNCIA LÓGICA... 23

Segundo dia
DA FÉ EM CRISTO AOS DOGMAS DA IGREJA 71

Terceiro dia
DE UMA IGREJA PARA OUTRA 117

Quarto dia
A PLENOS VAPORES NO VENTO DO MUNDO 163

Epílogo 195

Nota do editor

"Existem dois tipos de grandeza no mundo, a saber, existem grandezas de Instituição e grandezas naturais." Foi desse modo que Pascal[1] distinguiu entre dois tipos de "autoridades" no mundo: as primeiras dependem da situação ou da função ocupada, em resumo, das convenções – o que Pascal também chamou de "fantasia" humana –, enquanto as outras consistem "em verdadeiras qualidades da alma ou dos corpos".

Às primeiras, devemos um respeito de instituição – a deferência ou os sinais exteriores de respeito por aqueles que incorporam uma determinada função, essa ou aquela ordem; às segundas, devemos, ou melhor, espontaneamente oferecemos nossa estima: "Não é necessário que eu o estime porque você é duque, mas é necessário que o saúde. Se você é um duque e um homem honesto, eu darei o devido respeito a cada uma dessas qualidades. Não lhe negarei as cerimônias que merecem sua qualidade de duque, nem a estima que um homem honesto merece. Mas se você fosse um duque sem ser um homem honesto, eu ainda lhe faria justiça; porque dando o devido respeito exterior à ordem humana que você recebeu de nascença, eu não deixaria de ter por você o desprezo interno que mereceria a baixeza de seu espírito".

---

1. PASCAL, BLAISE, *Second discours sur la condition des Grands* (Segundo discurso sobre a condição dos Maiorais), Biblioteca de Pléiade, 618-619.

Não é necessário dizer que Joseph Moingt tem nossa plena e total estima; não apenas porque tem exercido por quase 30 anos a função prestigiada de editor-chefe da revista, não menos prestigiada, *Recherches de Science Religieuse*; não apenas porque no mundo cristão é considerado um dos maiores teólogos católicos vivos – mesmo que obviamente essas dimensões não possam ser alheias à escolha de um editor. Joseph Moingt tem a nossa estima sobretudo porque, aos 95 anos [em 2010], a nosso ver, se faz porta-voz da juventude e da liberdade da Igreja; porque seu caminho e seu trabalho demonstram uma honestidade e uma preocupação pela verdade que nunca – jamais – foram refutadas; porque sua exigência de dar razões à sua fé sempre o preservou do servilismo e da complacência...

Não é necessário dizer que fazer uma entrevista a um "monumento" dessa qualidade – um termo que provavelmente ele não aceitaria – não é tarefa fácil; é uma empreitada que ainda inspira certo temor. É aqui, sem dúvida, que temos de explicar a ambição de uma tal empresa e do livro que dela nasceu. Este livro, é claro, não é de modo algum um livro de teologia, entre os tantos escritos por Joseph Moingt, inclusive o monumental *Dieu qui vient à l'homme*, publicado pela Cerf [traduzido e publicado pela Loyola] – e isso por duas razões.

A primeira porque Lucienne Gouguenheim e eu próprio, que conduzimos essa entrevista, não somos teólogos, e não teríamos condições de fazer uma entrevista sobre esse tema; por que então não lançar mão de um especialista sobre as questões discutidas? É aqui que vem a segunda razão, na verdade mais importante e decisiva.

A ambição deste livro é fazer com que o maior número possível de pessoas – cristãos ou não, crentes ou não – descubra e *tenha acesso* à riqueza de um pensamento complexo, um pensamento que respeite as nuances, sem ser "jesuítico", seguro, sem precisar ser peremptório, um pensamento que tem o mérito de estar diretamente alinhado com os desafios contemporâneos de crer, em geral, e com os desafios impostos ao catolicismo, em particular, cuja crise que geram não poupa a ninguém.

A tarefa do "entrevistador", assim como será a do leitor, parecia ser, então, escapar de uma armadilha mortal no caso de um livro de entrevistas, a saber, direcionar as perguntas de modo a obter as respostas que ele *espera*, ou pelo menos que ele *conta* em virtude de suas *próprias* crenças. Cabe ao leitor julgar se evitamos ou não essa armadilha.

Ainda restava evitar outro problema – mais "leve" sem dúvida –, a saber, dar vazão às próprias opiniões, usando uma expressão familiar, querer "causar impressão", colocar-se no foco central, parecer *inteligente*... Na esperança de não fazer muitas perguntas *estúpidas*, apelamos ao contrário para a simplicidade, procurando explorar um pensamento, aprofundar seu movimento e explicar *os pontos cegos* – mesmo que de forma tosca. E estamos muito gratos a Joseph Moingt por corresponder a nosso apelo, às vezes com certa impaciência, mas sempre com bondade e também em franca atmosfera de bom humor. Ali, novamente, o leitor será o único juiz.

Finalmente, essa advertência estaria incompleta sem um esclarecimento final, que tem a ver com o que acabou de ser dito, a saber, com o que é o "lugar" do discurso mútuo. Joseph Moingt tinha 94 anos quando fizemos essas conversações; na época, eu – seu interlocutor principal – tinha 33 anos. Daí o interesse de ler este livro de entrevistas também como o encontro entre duas gerações de cristãos de fé católica, refletindo diferentes caminhos de vida e de fé, mas também preocupados em interrogar de forma honesta a sua fé; estar em ressonância com todos aqueles que – independentemente de suas origens, quaisquer que sejam suas crenças ou não crenças – se questionam sobre a natureza e o modo de crer, num mundo ampla e felizmente – pelo menos essa é a nossa posição – secularizado.

Lyon, 24 de novembro de 2010, K. M. V.

Nota do autor

Este livro-entrevista consiste em respostas às perguntas feitas pelos meus dois interlocutores, Lucienne Gouguenheim e Karim Mahmoud-Vintam, ao encargo de Edições Temps Présent. Reúne cinco entrevistas registradas nos primeiros meses de 2009, com uma sessão de duas horas a cada três semanas. As perguntas, de escolha inteiramente livre por parte dos interlocutores, foram-me enviadas alguns dias antes da entrevista por *e-mail*, mas foram feitas oralmente em ordem diferente e em termos diferentes, e as minhas respostas foram completamente improvisadas, de modo que muitas vezes causaram outras questões imprevistas, por vezes digressões, em geral pedindo explicações. Nenhuma entrevista foi reservada para um tópico específico, e concordamos que a mesma pergunta poderia ser retornada de uma entrevista para outra.

Ficou acordado que eu não iria declinar nenhuma questão, mas me manteria no plano teológico, o que excluiria dois tipos de perguntas.

Por um lado, não queria responder a perguntas de natureza biográfica ou confidencial, relativas à minha formação, à minha vida privada ou religiosa, às minhas amizades, aos meus estudos, aos meus escritos, à minha carreira de professor e de escritor. Eu creio que nosso ego não tem grande interesse, se não for necessariamente odioso, e é comum eu recusar esse tipo de conversações, salvo que recentemente concordei em evocar minhas memórias do tempo em que era diretor da revista teológica que as publicou. Em outra conversação, não destinada à publicação, também falei do tempo de formação e ensino na Companhia de Jesus.

Por outro lado, rejeitando de antemão qualquer questão teológica, mesmo as mais candentes, só buscava não ser sobrecarregado com pedidos de detalhes, definições e formulações didáticas, o que teria resultado em fazer deste livro de entrevistas uma espécie de resumo catequético, como: "o que eu creio", ou "eis como compreendo todos os dogmas católicos", ou "como planejo reformar as estruturas da Igreja". Não coloquei essas exigências por prudência ou para me esquivar, mas precisamente para manter o caráter de "conversações livres" sobre as perguntas que faço a mim mesmo, sobre assuntos que estou refletindo atualmente, sem nada esconder de meus questionamentos, hesitações e orientações de pensamento. Mas também sem expor posições fixas, quando não estão em meu espírito, ou soluções precisas e definitivas para todos os problemas que hoje surgem na Igreja, como se eu os visse mais claramente que outros, ou como se pudesse remediá-los sozinho.

Agradeço a ambos os interlocutores o entendimento e a aceitação desses requisitos. Sim, muitas vezes eles tentaram – com delicadeza e bom humor – me encurralar o máximo possível em meu reduto – era seu trabalho como investigadores – enfrentando por vezes também meu mau humor –, tudo isso faz parte do jogo. Ademais, eles não pretendiam que eu desenvolvesse uma teoria global do cristianismo, mas que falasse sobre assuntos que preocupam e que são discutidos por muitos católicos atuais.

Além disso, deram-me a liberdade de rever e editar as conversações – e esse é o segundo ponto que quero explicar.

As gravações dessas entrevistas eram transcritas e enviadas por *e-mail*, à medida em que iam ocorrendo, para revisão e edição. Eu já avisara, porém, que só poderia lidar com isso nas férias, e ainda na medida em que não tivesse outros trabalhos a fazer, visto que no ano precedente ou um pouco antes eu começara a escrever outro livro, já em atraso, e ao qual precisava dedicar todo meu tempo disponível. Foi só no verão de 2009, e outra vez no verão de 2010, que pude fazer a primeira revisão das duas primeiras entrevistas e a segunda revisão das três últimas. Em grande parte, essa revisão foi uma obra de reescrita, o que explica sua lentidão. Primeiro, porque o estilo oral é rapidamente tedioso, senão insuportável, para a leitura: tive de eliminar muitas repetições, duplicações, exclamações, sobrecargas, formulações incorretas não com o objetivo de dar elegância ao estilo, mas apenas para torná-lo legível, ou mesmo simplesmente compreensível, sem risco de erro. No entanto, os trechos que não ofereciam dificuldade de leitura evitei editá-los; procurei manter o mais possível seu caráter primário, a saber, o de uma entrevista improvisada, falada e às vezes dialogada, mesmo com o risco de manter algumas incorreções.

O trabalho mais fatigante foi adicionar informações ou explicações suficientes ao texto: as primeiras, porque percebi que eram necessárias para complementar minhas respostas às perguntas feitas, para explicar melhor meus pensamentos ou para evitar possíveis objeções, interpretações incorretas ou questões repetidas; as explicações, sem dúvida as mais numerosas ou mais extensas, porque foram solicitadas pelos dois interlocutores por meio de notas inseridas no texto transcrito da gravação.

No entanto, não alterei a ordem ou o texto das perguntas que me foram feitas, com o risco de acrescentar algo às questões que eles tinham anotado ou, poucas vezes, reduzir uma explicação muito longa por uma breve, cuidando para manter-me sempre dentro do âmbito e dos limites dos tópicos abordados nessas entrevistas. Se o leitor não se depara com a abordagem de algum problema teórico, prático ou histórico, a razão é simplesmente que isso não foi levantado durante nossas entrevistas; e mesmo que, em minha releitura posterior tenha me dado conta de que aqui ou ali seria oportuno abordar determinado assunto, não o fiz, visto que não me parecia necessário para elucidar as perguntas feitas e para não fugir do foco central das conversações.

Esse foco central vem suficientemente marcado no próprio subtítulo do livro: *Conversações livres sobre o presente e o futuro do catolicismo*.

A motivação de meus dois interlocutores não foi o desejo de rever, ainda que brevemente, todas as questões que os teólogos de hoje estão discutindo, mas os graves problemas que muitos católicos enfrentam, "fiéis simples" que observam e refletem sobre o que está acontecendo na situação atual da sua Igreja. A escolha da palavra "catolicismo", em vez de "cristianismo", por si só é emblemática destes problemas: não abrange evidentemente todos os artigos de fé, nem se limita a eles; não se restringe à "teoria" cristã, mas visa preferencialmente e em primeiro lugar as dificuldades por que passam os fiéis da Igreja católica em viver e pensar sua fé no âmbito específico das estruturas de autoridade dogmática e hierárquica, e em segundo lugar os problemas de audiência, credibilidade e simples sobrevivência postos a esta Igreja pela atual situação de nosso mundo secularizado e por seu manifesto estado de declínio e de crise: a fuga de fiéis, as dissensões internas, o esgotamento do clero, os conflitos de autoridade, a desconfiança em relação às ciências teológica e bíblica, as medidas de reorganização e de restauração, as relações distendidas entre Roma, as Igrejas locais e as comunidades de fiéis etc. Essas são, em resumo, as questões vitais que me foram colocadas e que serão abordadas neste livro.

Questões perigosas, porque desafiam estruturas orgânicas que são especialmente preocupantes para a fé do nosso tempo. Mas concordei em abordar esses temas porque afetam e assombram a mim também, e também porque muitas vezes tratei dessas questões em meus livros, de modo especial no mais recente publicado pela Cerf, e em muitos artigos de revistas, palestras e debates. Essas questões constituem o centro do livro que estou escrevendo atualmente e que espero publicar no final do próximo ano – essa foi a razão por que pensei que não poderia fugir dessas questões. Repito, não é porque penso ter soluções para "sair da crise". Mas seria insensato para um teólogo não apresentar as questões que tantos católicos se fazem à sua volta, pois há necessidade urgente de refletir sobre isso e buscar encorajamento.

Houve épocas em que esses problemas – mas não todos de uma só vez como agora – surgiram e em que parecia mais prudente às autoridades religiosas, e também aos simples teólogos, silenciar e esperar para não alarmar o público ou perturbar a fé dos fiéis, esperar que os espíritos se acalmassem até que talvez se encontrasse uma solução, mas o mais comum era realmente acabar esquecendo o problema. Todavia, a crise atual é demasiado global e afeta muitos temas vitais para que se possa esperar que surja uma solução espontânea com o simples passar do tempo.

É por isso que aceitei tratar dessas questões, por vezes em sua rudeza, e que minhas respostas fossem publicadas sem atenuar sua premência, na esperança de que os problemas dos católicos do nosso tempo possam chamar a atenção de todos aqueles que, em qualquer nível e sob qualquer forma, detenham responsabilidade pelas orientações da nossa Igreja.

Muitos destes fiéis hesitam tanto em permanecer quanto em deixar a Igreja, como muitos já fizeram, e isso muitas vezes os leva a se interrogarem se preferem lutar por manter uma fé viva ou deixar que ela se perca em virtude da fidelidade às suas próprias exigências de verdade. O título dado a essas entrevistas, *Crer apesar de tudo*, expressa a mensagem de compreensão e de encorajamento que este livro gostaria de transmitir aos leitores.

Bordeaux, 31 de julho de 2010, J. M.

Prólogo

A humanidade – como o senhor afirma – sempre acreditou em deuses. Poderia especificar o que essa humanidade entende definitivamente pela palavra "Deus"?

Creio que nunca o conhecemos muito bem, especialmente se estendermos o assunto pelos milênios! Deus é o além inacessível; Deus é o que nos questiona. Quando se procura o nascimento da ideia de Deus, não a vemos surgir, já nos deparamos com a existência de religiões, já estabelecidas, ou simplesmente falamos de cultos aos deuses, sem qualquer teologia ou conhecimento fundamentado de Deus transmitidos pelas religiões. Estas podem ser tribais, como na literatura védica, ou muito politizadas, como nos grandes impérios ou reinos mesopotâmio, assírio ou egípcio. Mas os deuses estão por toda parte. Assim que os homens chegaram à consciência de si mesmos, também encontraram deuses a seu redor. O que viram ali? Na minha opinião, a personificação do impulso da vida que está no universo, mas que também sentiram em si mesmos. Provavelmente algo semelhante a isso.

O que denota que a humanidade *sempre é motivada por um desejo de alteridade*. E foi isso que afastou o homem de sua animalidade, que o fez tomar consciência de sua singularidade, de sua dignidade. E essa é a grande ideia de comunhão com o universo: os deuses são forças da natureza. E os deuses estão na própria origem do sentimento social: a religião homérica é o culto do deus do lar; o primeiro culto é desprovido de templo e sacerdotes; o templo é o lar no qual se prepara a refeição da família, e o sacerdote é o pai da família que faz oferendas a deus em gratidão pelo alimento que recebe para os seus. Este deus protege a família e o recinto familiar necessitados de proteção. A divindade é bem encarnada – ela se mantém no lar – e ao mesmo tempo soberana – e protege a família porque tem o domínio sobre a vida e os elementos. É isso que encontramos nas origens, este vínculo muito estreito entre Deus e o homem, o homem e a natureza, a natureza e Deus. O que esperamos dos deuses? Pois bem, que eles continuem gerando a vida; a divindade é vista como fonte de vida e em comunhão com o universo, não está separada dele.

E, quando se vê a religião propondo ritos funerários, qual é a ideia que se faz de uma sepultura? Via de regra, enterra-se o falecido ao lado de sua casa, provendo alimento porque se considera que ele ainda vive, de tal modo que permanece ligado à tribo, cuja vida coletiva se renova de geração em geração, e isso se torna promessa de sobrevivência para o falecido. Assim, há uma vida, uma comunidade de vida, uma continuidade de vida entre os vivos e os mortos – os mortos estão ausentes, mas não estão afastados da vida dos vivos. É por meio dessa ideia do fluxo de vida inexaurível que nasce no ser humano o sentimento de um destino infinito governado pelo poder soberano que governa o universo e nele conserva a vida, um sentimento que se tornará gradualmente claro, pela filosofia grega, até chegar à ideia de um parentesco do ser humano com Deus. Assim, a consciência da humanidade vai se aprimorando junto com a própria consciência da divindade.

Há dois elementos que me impressionam muito; não sei se é possível estabelecer uma conexão entre eles e essa retração de Deus, do crer. O mundo está experimentando uma urbanização cada vez maior – pela primeira vez na história humana, desde 2008, a população urbana se torna maioria – e talvez exista uma ligação entre a retração da natureza e a retração da dimensão sagrada que a natureza pode apresentar. Naturalmente há

também o avanço da ciência... Isso pode ser algo que se poderia perguntar ao teólogo Dietrich Bonhoeffer quando fala de Deus como um "tapa buracos": durante muito tempo o divino servia para suplantar nossos fracassos no conhecimento, nossos receios, o que ainda permanecia obscuro. E, como essa escuridão recua com a extraordinária ascensão da ciência, o divino – que tinha sido colocado nessa dimensão sombria e misteriosa – também é levado a recuar...

Deve-se ter sempre em conta que a ciência não é uma racionalidade diferente da crença: os mitos já eram ciências humanas! Os mitos já eram esforços científicos para entender o universo. Basta considerar bem o relato da criação no livro do Gênesis, que é de fato um dístico de histórias babilônicas: uma tentativa de compreender "cientificamente" as origens do universo, da terra, das espécies vegetais e animais, e enfim do ser humano. Será que esta ciência, que continua a evoluir, acabará por esgotar completamente a ideia de Deus? Pode-se lançar essa hipótese. Mas você não pode ao mesmo tempo perguntar-se: "O que restará do ser humano e da sua ideia quando se chegar a esse momento?" Esse era o medo de Husserl, quando viu as ciências naturais se apropriarem das ciências do espírito: vamos acabar descobrindo em alguma parte do cérebro o neurônio que está na origem da ideia de Deus! Muito bem! Mas o que o ser humano se tornará a essa altura da história? Temos de nos colocar a questão, e temos muitas razões para questionar isso quando vemos a evolução atual da humanidade. Todavia, não gostaria de representar uma ameaça de tipo apologético, como se tem conhecimento também nos discursos oficiais da Igreja, e dizer: "Matando a Deus, você mata o ser humano também!" Não *desqualificaria* os avanços da ciência, incluindo a secularização, fazendo essa ameaça e dizendo que a noção de Deus é a única barreira contra o avanço da barbárie... Mas é preciso considerar que a humanidade, ao longo de inúmeros milênios, se desenvolveu nutrindo o conceito de Deus! Pode até ser uma coisa boa que ela se livre dessa ideia..., mas talvez deva conservá-la concebendo a Deus *de maneira diferente*, sem fazer disso uma ameaça para o ser humano.

E creio que o cristão – e especialmente o teólogo cristão – deve questionar sua fé a partir dessa evolução a que assistimos. *Mas* ao mesmo tempo penso que ele deve esforçar-se por manter sua fé de uma maneira *diferente* – guardá-la não para salvar a religião ou a instituição à qual está ligado, mas para salvar uma certa ideia do ser humano, em que a ideia de Deus continua sendo o garante... sim, o garante. Utilizo essa palavra propositadamente devido à afinidade (analisada por Benveniste) das palavras "crer" e "crença" com o garante, a garantia, a certeza de recuperar o que foi confiado como compromisso a alguém "de confiança".

E até que ponto esta ideia de Deus permanece justamente o garante da ideia do ser humano?

Porque é a ideia de um *destino infinito* e que o ser humano foi feito à imagem de Deus. Tomemos a frase na qual Levinas resumiu a Bíblia: "*Você se deve a outrem!*" Em minha opinião, esse é um pensamento completamente cristão, ainda que formulado por um judeu. Mas isso é muito forte, não é? E o ser humano que conhecemos é aquele que é assombrado por esta frase: você se deve ao outro! Por que devo me preocupar com os pobres, os sem-teto? Por quê?

A ideia de uma alteridade que reside tanto na dignidade do outro como no fato de me sentir chamado a outro futuro: a fé é isto! E qual é o fundamento da fé? A revelação, sim... Mas talvez também o forte sentimento da obrigação que tenho de procurar salvar o mundo, salvar a ideia do ser humano, buscando salvar minha fé. Acho que é algo assim... Com uma passagem para o universal, já anunciada pelos profetas. É incrível como estamos vivendo o drama do antigo Israel que inventara sua revelação!

"Inventar" é uma palavra que deve ser repensada de outra maneira! Quando os historiadores nos dizem que as histórias dos cinco livros bíblicos chamados Pentateuco foram compostas bem mais tarde, após o retorno do exílio do povo de Judá, com base em lendas, memórias e tradições, com o objetivo de dotar esse povo com uma história que ele não tinha, já não temos qualquer evidência de que Abraão e Moisés tenham existido realmente. Então, como nós cristãos podemos crer na revelação de Deus a Abraão e a Moisés? Cremos nisso porque Jesus repensou essa história – e isso nos coloca diante de outro problema – mas afinal ela está ligada à sua própria revelação, ela é a memória de Jesus. Como o teólogo pode salvar de maneira diferente a ideia da revelação? Dizendo que essa ideia forjou a identidade do povo judeu? Não sei. Mas, como cristão, não posso simplesmente contar com uma revelação que teria sido feita a outro povo ao qual não pertenço. O livro de Shlomo Sand sobre *L'invention du peuple juif* (*A invenção do povo judeu*) coloca algumas questões a certo número de judeus que se consideram membros do povo de Deus. Se é a memória de Abraão que dá unidade a esse povo, para nós cristãos, penso, é a memória de Jesus que nos permite receber a tradição de Israel como revelação, isto é, como encaminhamento da Palavra de Deus às nações. Mas por que não ver esta palavra – este chamado à humanização do ser humano – também presente e caminhando pelos cultos prestados a Deus desde o início da humanidade?

Primeiro dia

SEM SEQUÊNCIA LÓGICA...

O esfacelamento da Igreja
Fé, crença e religião
O crente e o cidadão
Religião e cultura
Tradição e Magistério
O nome de Deus

O que significa crer, no século XXI? Como o senhor vê a situação religiosa de nosso tempo?

Em termos bastante semelhantes, atualmente a questão da crença e da prática da fé atinge muitas religiões. Um observador disse recentemente que, já esvaziadas de parte de seus seguidores nas sociedades secularizadas, as religiões se veem cada vez mais ameaçadas de esfacelar-se em grupos fundamentalistas; para estes, o essencial da fé reside na literalidade dos textos sagrados, em pontos de doutrina, nas leis morais ou nos preceitos de culto, nas tradições de vestuário ou de alimentos; ou em grupos carismáticos – tomados por práticas de piedade mais fervorosas, mais sensíveis, por vezes exaltadas, orações de cura, formas de religiosidade mais vivas e comunitárias e propaganda pública ("proselitismo").

Quando se trata de religiões muçulmanas ou judaicas, os meios de comunicação ocidentais costumam chamá-las frequentemente de fundamentalistas, raramente de carismáticas, e ordinariamente de religiões discretas; entre os muçulmanos, há aqueles que querem impor leis corânicas nos países nos quais são a maioria, ou buscam impor de modo agressivo seu particularismo onde são a minoria, por exemplo fazendo que as mulheres usem "véu"; do lado judaico, fala-se de "religiosos" apegados a seus vestuários arcaicos, ou de uma prática rigorosa e ostensiva de descanso no sábado; por vezes são qualificados "extremistas", quando suas reivindicações territoriais se baseiam num direito divino.

No caso dos cristãos, inversamente, católicos ou protestantes, o movimento carismático – que é de origem protestante e também é chamado de "pentecostal", pois afirma ser a efusão do Espírito Santo no dia de Pentecostes – parece mais visível que o fundamentalismo. Refiro-me acima de tudo ao movimento "evangélico", ele próprio protestante, que nasceu nos Estados Unidos, mas que se espalhou com força pelos países latino-americanos com uma maioria católica; migrou para a Ásia e a África, onde compete com as igrejas estabelecidas, e teve um avanço espetacular na França em círculos protestantes e mesmo entre católicos que haviam abandonado sua Igreja. Entre os católicos franceses, o movimento carismático, já bem antigo, também ocupa um lugar importante, especialmente porque a presença religiosa está diminuindo, mas está longe de ser tão visível quanto entre os protestantes. Isso porque em seu conjunto – além de algumas capelas mais fechadas e ostensivas – está bem integrado na instituição e não tem o caráter de uma "Igreja" separada.

Os fundamentalistas são menos numerosos entre católicos do que entre os protestantes, porque a interpretação da Bíblia é definida primordialmente pelo Magistério eclesiástico. Os dois movimentos se encontraram nos EUA para apoiar propostas de leis repressivas (contra o aborto, a pena de morte etc.), a favor do "rearmamento moral", contra a guerra no Iraque, fomentando o ensino da ideia criacionista nas escolas, tal como narrada na Bíblia (contra o evolucionismo darwinista). Na França ou em outros países europeus, o fundamentalismo católico é mais uma questão de tradição e de apego aos ritos antigos (em particular à missa, segundo o ritual de São Pio V) do que de fidelidade à literalidade da Bíblia. É assim, por exemplo, entre aqueles que seguem a dissensão de D. Lefebvre ("Fraternidade de São Pio X") ou dos desertores deste movimento (a "Fraternidade de São Pedro", o "Instituto Bom Pastor") ou ainda de seus simpatizantes, muitas vezes denominados "tradicionalistas", e que não se constituem em grupos formados como tal.

O que significa essa desagregação e como pode ser explicada?

Para permanecer no mesmo nível de generalidade, observamos que o laicismo – que representa a regra da maioria das democracias ocidentais – e o fenômeno da secularização, que vai se expandido cada vez mais – que é a libertação da sociedade das tutelas religiosas – são fatores de perturbação das consciências, incentivando a emancipação dos indivíduos, enfraquecendo as instituições religiosas, desencadeando várias reações de protesto ou radicalização que tendem a fragmentar a unanimidade que reinava até então. Mas ali se trata de movimentos lentos e de longo prazo, cujos resultados são observados bem posteriormente, fruto de uma longa preparação; não podem ser analisados seriamente fora de um contexto político, econômico e cultural muito mais amplo. Por exemplo, o fundamentalismo muçulmano não está incólume do colonialismo europeu ou do imperialismo americano, nem o fundamentalismo judaico está livre da relação com a cultura europeia nos últimos séculos e com a atual situação política do Estado judaico. A evolução das ciências linguísticas e históricas também mudou consideravelmente o modo como os crentes "iluminados" de qualquer religião olham para seus textos sagrados; e as liberdades concedidas aos cidadãos dos estados "modernos" podem alterar a atitude dos crentes em relação às autoridades religiosas.

Em todos esses aspectos, mesmo quando se trata de fenômenos de massa em reação mútua, estamos colhendo os frutos do individualismo herdado de uma "modernidade" distante, de uma era em que a emancipação do sujeito, ambicionando assumir a plena responsabilidade por si próprio, por suas escolhas e ações, distendeu e rompeu os laços da tradição.

Mantendo o foco agora na situação do catolicismo francês, não há dúvidas de que o Concílio Vaticano II acabou assinalando na história da Igreja um ponto de ruptura considerável – mas em relação a quê? Recentemente, num debate televisivo, ouvi alguém dizer que o ponto essencial do Concílio, contrariamente ao parecer da maioria das pessoas, não dizia respeito à vontade da Igreja de se reconciliar com o mundo moderno – vontade representada pela Constituição *Gaudium et spes* sobre "A Igreja no mundo atual" –, mas a seus decretos relativos à liturgia, ao ensinamento da Sagrada Escritura e sobretudo à liberdade religiosa, ao ecumenismo e às relações com outras religiões. Todavia, será que podemos dissociar a visão da Igreja do mundo do seu comportamento religioso e da sua relação com outras religiões? É verdade que o reconhecimento da liberdade religiosa foi um dos pontos mais discutidos no Concílio, mas fazia parte das liberdades reivindicadas pelo mundo moderno desde o século XVII. Não é menos exato dizer que a vontade de dialogar com outras religiões inaugurou um ponto de viragem na história da Igreja, mas isso dependente do princípio da liberdade religiosa. Quanto à aproximação das outras denominações cristãs (o chamado "ecumenismo"), é um tema que foi amplamente estabelecido antes do Concílio, e é de natureza diferente do diálogo com outras religiões, uma vez que tem por objetivo restabelecer uma unidade perdida, que só pode ser pleiteada pela comunhão na mesma fé, em seus pontos fundamentais.

E naturalmente os decretos conciliares que modificaram o comportamento religioso católico estão ligados à tomada de consciência pela hierarquia eclesiástica da evolução da mentalidade dos fiéis, uma evolução com senso de solidariedade tão clarividente quanto aquele que foi surgindo, em diferentes graus, sobretudo a partir das duas últimas guerras mundiais em toda sociedade francesa, se não em toda a Europa. Uma boa parte dos fiéis leigos, com bem mais instrução do que no passado, mais bem formados em questões doutrinais e religiosas, habituados à leitura dos Evangelhos, muitas vezes mobilizados para as tarefas apostólicas (na "Ação católica"), aspirava ter celebrações litúrgicas menos hierárquicas, mais compreensíveis, mais próximas da vida das pessoas, manter relações menos distantes e menos hierárquicas com o clero, buscava partilhar responsabilidades quando chamados a cooperar com os sacerdotes, queria um afrouxamento da disciplina em certos pontos; e houve muitos sacerdotes que partilharam e até encorajaram esses sentimentos. As mudanças introduzidas pelo Concílio na celebração da missa, na disciplina sacramental ou na participação dos leigos na vida paroquial responderam a essas aspirações e testemunharam a vontade séria da Igreja de acolher os novos modos de pensar e de viver partilhados pelos fiéis com toda a população, desde que compatíveis com sua fé e suas tradições.

No entanto, seria ingênuo pensar que todos os fiéis queriam essas mudanças e que ficaram satisfeitos com sua implementação. Muitos estavam plenamente de acordo com o espírito do tempo, outros consideravam que a Igreja é um lugar à parte, subtraído ao tempo, e se contentavam com os rituais, do modo como eram realizados, sem sentir necessidade de compreendê-los; por isso, não queriam qualquer mudança, e quando isso aconteceu ficaram abalados em seus hábitos e bastante insatisfeitos. Outros se rebelaram contra essa acolhida do espírito do tempo por razões que não eram necessariamente religiosas, mas próprias de sua cultura, de suas tendências políticas ou tradições familiares; por conseguinte, concordavam plenamente com a antiga atitude da Igreja, que não cessara de lançar anátemas contra "novas ideias" durante quase dois séculos; assim, eles se sentiram traídos quando ela buscou se reconciliar com o mundo moderno e implementar a "atualização", o *aggiornamento*, que foi o *slogan* original do Vaticano II.

A resistência faz parte desse grupo de fiéis que se declarou como "minoria" conciliar (composta de opositores das reformas propostas) e que mais tarde se reuniu em torno de D. Lefebvre quando este se decidiu pela secessão. Outros católicos com tendências semelhantes, ou os que se sentiram abalados pelas "novidades" conciliares, mas que não ousaram romper com a Igreja, aderiram ou estão dispostos a aderir a grupos tradicionalistas, agora que vários deles restabeleceram os laços com as autoridades romanas, visto que estas são mais favoráveis ao retorno à antiga liturgia.

O *esfacelamento* da Igreja estaria a caminho de ser resolvido, pelo menos nesse aspecto?

Talvez, se tomarmos a palavra no sentido forte de cisma, uma vez que os grupos carismáticos, como eu disse, ainda não foram tentados a criar uma secessão. Mas, visto que a cisão dos lefebvrianos ainda não terminou, não devemos ser demasiado otimistas. Em primeiro lugar, seu regresso ao seio da Igreja, visto que não renegaram suas ideias, corre o risco de forçar os católicos de tendência oposta a deixar a Igreja, mesmo que presumivelmente sem estabelecer um ato de ruptura. Outros, exasperados pela tensão das autoridades romanas e por causa dos muitos prelados envolvidos em escândalos sexuais, que têm suscitado grandes controvérsias ultimamente, serão tentados a fazer a mesma coisa. Por fim, há poucas chances de que um retorno à liturgia antiga mais rígida e reservada, caso se acentue, vá satisfazer aos carismáticos; e isso poderá encorajá-los a reunir-se com mais frequência entre si, e separados do resto dos fiéis.

Concluindo, se descartarmos o perigo de uma ruptura em sentido estrito, os riscos de a Igreja desmoronar, de um fracionamento entre grupos que já não têm uma linguagem comum, de um relaxamento da comunhão eclesial, e portanto de uma grave perda de vitalidade, tudo isso é uma perspectiva muito distante. E ainda não levei em conta outro fator, não a desunião, mas a perda da unidade: a diminuição considerável do ministério presbiteral[1], que foi o principal responsável pela manutenção, reparação e fortificação da comunhão entre os fiéis.

Será que nada restaria da proposta do Vaticano II, cuja ambição era dar novo impulso à Igreja e unir os católicos em objetivos comuns?

O Vaticano II se propunha a reconciliar a Igreja com o mundo de seu tempo, conciliando a tradição e a modernidade – o espírito do cristianismo que plasmara uma longa história da humanidade, ela própria herdeira do pensamento grego e da ordem romana, e o espírito dos tempos modernos, nutrido pela racionalidade filosófica e científica, que moldara uma sociedade laica e democrática dedicada à conquista das liberdades individuais.

O projeto não era ilusório, uma vez que este mundo novo tinha se formado no seio do mundo cristão e não havia renegado inteiramente o espírito evangélico, ainda mantido às vezes como referência, apesar

---

1. O ministério exercido pelos padres (N. do E.).

das duras lutas que afastaram os Estados laicos e as sociedades secularizadas das influências das autoridades eclesiásticas. Da parte da Igreja, tratava-se essencialmente de reconhecer nos valores e princípios que inspiram o espírito moderno tudo o que é compatível com o espírito evangélico, e muitas vezes dele procede; de prometer dar sua contribuição para que o mundo alcance seus justos objetivos; de permitir que os fiéis que partilham de seus valores, pelo menos em parte e em certa medida, vivam mais harmoniosamente sua fé neste mundo, que é o seu, dedicando-se a seus afazeres e pondo-se a serviço da cidade; e possivelmente de facilitar o regresso ao redil de cristãos que já não participavam da Igreja, porque esta lhes recusava as liberdades que o Estado moderno concede a seus cidadãos, e que muitas vezes foram arrebatados à força.

A maior parte dos fiéis tomou o caminho estabelecido pelo Concílio, uns movidos pelo espírito de obediência e até um tanto reticentes, é verdade, mas a maioria por convicção e até mesmo com entusiasmo, porque já aspiravam, especialmente desde a Segunda Guerra Mundial, a tal renovação da Igreja; esse era o caso de todos aqueles que já estavam engajados nos vários movimentos da Ação católica. Por conseguinte, fica claro que o Concílio deu um forte impulso de vitalidade à Igreja, um impulso que se propagou ao longo de várias décadas, e não é exagero dizer que todos aqueles que agora frequentam as celebrações assiduamente e animam a vida das comunidades foram motivados por esse encorajamento conciliar – e esse fato trouxe bons frutos para o seio da Igreja.

Um argumento facilmente usado contra isso é o fato de as igrejas sofrerem um esvaziamento; e os tradicionalistas nem se esforçam para acusar o Concílio disso. Isso significa esquecer rapidamente o estado em que se encontrava a Igreja desde o século XIX. Ela perdera a maior parte da classe operária – que não conseguira defender contra os excessos do incipiente capitalismo industrial – e uma boa parte da burguesia liberal – devido às suas atitudes reacionárias e à sua hostilidade em relação à República e às leis seculares (tenho em mente sobretudo o caso francês). A descrença propagou-se graças à educação generalizada, e a desconfiança da Igreja em relação às ciências históricas e naturais, especialmente no Vaticano I e depois no decurso da crise modernista, não se destinava a manter sob sua própria obediência o espírito de racionalidade e cientificidade. Na primeira metade do século XX já havia uma preocupação generalizada quanto ao declínio da participação religiosa e do recrutamento sacerdotal, e é preciso lembrar de perguntar se a própria França não se tornara um "país de missão", segundo o título de um livro que causou muita polêmica pouco antes do início da Segunda Guerra Mundial. O período pós-guerra apresentou uma melhoria significativa, mas as velhas tendências do declínio religioso voltaram rapidamente. O desejo de deter essa evasão foi uma das razões para a convocação do Vaticano II. Este reavivou a fé de muitos cristãos, mas não conseguiu trazer de volta para a Igreja aqueles que a abandonaram, e impedir que também os jovens cristãos a abandonassem, uma vez emancipados da tutela parental. Assim, a "geração Vaticano II" chega agora à idade de aposentadoria trazendo pouco ou nenhum alívio.

Esse estado de coisas, que lança uma pesada incerteza sobre o futuro da Igreja, não consegue manter a paz entre as várias famílias espirituais. Os "tradicionalistas" ou "conservadores" culpam as mudanças e defendem o regresso à situação anterior; aqueles a quem chamam de "progressistas", ou seja, os fiéis do Vaticano II, os acusam de dar à Igreja um aspecto antiquado, ranzinza e vingativo, que espanta os jovens; e os "carismáticos" se apresentam como o refúgio mais seguro da fé, sem levar em conta que seu caráter comunitarista e voluntariamente exaltado corre o risco de assumir um certo aspecto ambíguo de "seita".

Por mais prejudiciais que sejam, na minha opinião essas divergências não provêm de uma fé profunda, mas antes da crença, ou até mesmo de uma mera postura religiosa.

O que isso significa? Que diferença o senhor vê entre fé, crença e religião?

Tenho uma posição bem pessoal em relação a essa distinção, a saber, não há realmente oposição entre esses três termos; e isso não livra de cair em confusão.

A fé é o assentimento dado aos pontos fundamentais da revelação cristã que se encontram definidos no Símbolo dos Apóstolos e o compromisso de viver segundo o espírito do Evangelho; ela se manifesta certamente nos dogmas, nas crenças doutrinais e práticas religiosas, mas é essencialmente una, unificada e estruturada: é o ato de confiar-se a Cristo e seguir o caminho salutar que ele traçou.

A *crença*, ao contrário, se compõe de múltiplos dogmas e doutrinas – de autoridade e importância muito variáveis – e, portanto, de tudo o que é ensinado pelo catecismo; envolve-se menos diretamente na vida quotidiana, é frequentemente passada adiante por familiares ou pelo círculo de convivência sem uma convicção firme e ponderada, ou então é conduzida por escolhas subjetivas, irracionais e contraditórias, como mostraram as recentes sondagens de opinião; alguns firmam sua crença no diabo como critério de fé, outros afirmam crer em Cristo, mas não na ressurreição dos mortos, ou vice-versa.

Quanto à *religião*, que em princípio é a vida de fé numa comunidade de crentes, ela impõe sobretudo leis, regras morais, práticas religiosas, alimentares e penitenciais, devoções, e para muitos corre o risco de acabar sendo reduzida a essas práticas, às quais os crentes geralmente estão ligados por costume ou até por superstição, visto que já não sabem mais se ainda são crentes ou não; assim, vemos católicos que colocam em pé de igualdade a devoção à Virgem com a Eucaristia, enquanto outros só colocam os pés numa igreja ainda para acender uma vela diante de uma imagem ou para colocar uma moeda numa caixa de ofertas.

Em suma, isso é a diferença que faço entre estes três termos – fé, crença, religião. Essa distinção não nos deixa subestimar o elemento que separa as famílias espirituais que considerávamos, sem supor que qualquer uma delas careça de fé, mas sem deixar de questionar sua inteligência de fé. Assim, os "conservadores", sensíveis ao princípio da autoridade, colocam em primeiro lugar a obediência a Roma; os "tradicionalistas", a fidelidade às antigas práticas litúrgicas; os cristãos "críticos", seguidores de uma corrente da filosofia liberal, tenderão a relativizar alguns dogmas recentes em favor de maior fidelidade à Escritura; os espíritos "progressistas" tenderão a trazer de volta os fundamentos do Evangelho à justiça social; enquanto os "carismáticos" estarão mais atentos ao fervor da piedade comunitária do que à rigorosa ordenança das liturgias; os cristãos com maior grau de formação nas orientações do Vaticano II estarão mais propensos a renovar o estilo de vida da Igreja, colocando-se ao serviço evangélico do mundo.

Em tudo isso, não se trata de questões de fé que criam oposição entre os cristãos, mas de diferentes formas de regulamentar a crença e a prática; os "fundamentos" da fé, expressos no Símbolo de fé, não estão em causa; no entanto, essas diferenças nas atitudes religiosas, que via de regra têm sua origem determinante na cultura, no ambiente social, na educação recebida, na escolha política, podem dissimular profundas diferenças no modo como a fé é compreendida e vivida. Por exemplo, a fé não deixa de ser ferida quando os tradicionalistas, por apego exclusivo aos antigos rituais, rejeitam a autoridade do Vaticano II; o mesmo seria verdade, inversamente, se alguns fiéis estivessem tão obcecados com suas novidades, a ponto de desprezar tudo que se conservou das tradições mais antigas.

Deixemos de lado por um instante o campo da discórdia religiosa, para nos concentrarmos na questão essencial: O que significa crer para o senhor, hoje, na sociedade em que vivemos? O que é a fé? É um refúgio, ou é um espaço de liberdade? Uma opinião, ou uma graça para além de qualquer razão?

No Evangelho, a fé é definida como um ato e uma vida de "conversão": assentimento à boa nova do Reino de Deus, compromisso de seguir Jesus, atitude filial com "nosso Pai Celestial". Ela é "graça", um apelo de Deus, luz e impulso recebido dele, mas não é irracional, porque o chamado é dirigido à nossa inteligência e à nossa vontade, e cabe a nós levá-lo em consideração, dizer sim ou não. A fé não é, portanto, apenas uma opinião, pressupõe uma convicção devidamente pensada, é um compromisso deliberado num determinado estilo de vida. Não é um refúgio contra o sofrimento da existência, porque nos obriga a enfrentar muitas dificuldades, a fazer escolhas dolorosas, a caminhar frequentemente na contramão de nossas inclinações, de nossos desejos, de nossos interesses, da atualidade da moda. Por conseguinte, é um apelo à liberdade, a se desvincular da opinião pública, dos costumes e hábitos da sociedade e dos tempos em que se vive, muitas vezes das tradições familiares, do conformismo ao nosso entorno.

Recentemente um filósofo e colunista político comentou uma observação que o papa Bento XVI fez ao ser recebido em Paris no Teatro Bernardins, declarando que a grandeza da história europeia tinha sido a busca de Deus; não, afirmou o filósofo, o que caracterizou a Europa foi a procura da liberdade, e isso é algo bem diferente. Sem dúvida, mas essas não são duas atitudes contraditórias: "Foi pela liberdade que Cristo vos libertou", disse São Paulo aos cristãos da Galácia. O verdadeiro crente encontrará na busca de Deus o maior espaço de liberdade, a verdadeira exigência de liberdade: aquela que liberta o sujeito do cativeiro do egoísmo.

Até aqui tenho mantido a compreensão da fé tal como se encontra no Evangelho. Vou ser obrigado a falar de modo diferente, se a considero no modo como é frequentemente "transmitida", recebida e vivida diariamente. Uma vez que em geral nos tornamos cristãos já a partir do nascimento, por meio de um ritual que não pedimos, acabamos recebendo a fé da tradição familiar; nós a "aprendemos" no catecismo sem refletir sobre ela; seguimos os degraus da iniciação sacramental sem uma decisão pessoal; em seguida, ou em algum dado momento, nós mesmos acabamos nos interessando pela fé e começamos a buscar a Deus, o que é um verdadeiro processo de liberdade; então, ou mantemos as crenças e práticas que nos foram inculcadas, com mais ou menos convicção e regularidade, sem nelas refletir ou questioná-las, e sem nunca descobrir que a vida em busca de Deus é um verdadeiro espaço de liberdade; ou, finalmente, na idade de adolescente, ao atingir o grau de emancipação da vida familiar, "perdemos" a fé sem nos darmos conta, a menos que nosso primeiro ato de liberdade seja o de livrar-nos dela, porque na verdade a fé ainda não foi apropriada; e é muitas vezes isso que está acontecendo em nosso tempo.

É verdade que no início deste século, numa sociedade afastada do cristianismo, tudo está mudando rapidamente: a pressão familiar já não é exercida com a mesma força, o ambiente circundante já não é tão vinculativo, um pouco de espírito de "livre exame" penetrou no catolicismo, o catecumenato abre novas formas de acesso à fé, é possível novamente "descobri-la" e vivê-la em liberdade.

Mas não está claro se as autoridades doutrinais e pastorais permitem que esta evolução vá muito longe, até onde fosse necessário para que a fé se tornasse um problema, a necessidade de uma aquiescência refletida, alegre e espontânea à verdade de Deus. A fé costuma ser identificada geralmente com um catálogo de verdades supostamente reveladas por Deus e definidas pelo Magistério da Igreja; o "mérito" da fé está na obediência à Palavra de Deus, definida por seu representante nesta terra, e uma vez que o crente não pode verificar por si mesmo a origem dessas verdades – e tampouco é incitado a fazê-lo – a fé acaba sendo reduzida à submissão ao Pontífice romano: fica difícil, então, transformá-la numa experiência de liberdade.

Torna-se difícil dizer o que significa a palavra "crer" para todos os católicos. Todos sabem bem que a fé é essencialmente uma relação pessoa a pessoa, a *confiança* posta na bondade paterna de Deus, e não a submissão a um catálogo de definições e prescrições? Todos têm plena consciência de que a especificidade da fé cristã é crer num Deus que se revela num homem, e isso marca uma grande diferença entre o cristianismo e os outros monoteísmos? Todos compreenderam muito bem que o principal da fé é a habitação do Espírito Santo de Deus e de Cristo no crente, que se torna partícipe da vida de Deus em plena união com todos os seus irmãos? E, no entanto, a verdadeira vida cristã consiste em "crer" nisso, que só se pode crer quando se "vivencia", quando se vivencia essa fé com inteligência e no gozo da plena liberdade para a qual o próprio Deus convida o crente.

É provável que muitos cristãos hoje em dia, infelizmente ainda sem ter tomado consciência dessas questões fundamentais, apesar de tudo tenham conseguido formar um espaço de liberdade dentro da sua fé. Se o fizeram de forma consciente e inteligente, estabelecendo uma triagem nessa massa de verdades, preceitos e rituais que são instaurados para se crer e praticar, essa tomada de liberdade pode ser um sinal de interesse nas coisas da fé, o início de uma fé mais pessoal e viva. Mas isso não diminui o risco de um grave empobrecimento da tradição da fé. Muitos outros estabelecem um tipo de triagem semelhante, sem levar em consideração os critérios sérios, seguindo unicamente seus preconceitos ou caprichos; eles os usam e os deixam de lado como lhes der na telha, como se costuma dizer, sem muita preocupação. Eles continuarão afirmando serem crentes, e no fundo de si mesmos certamente continuarão a sê-lo, talvez mais sinceramente do que parecem. Mas, na medida em que criam para si mesmos um conjunto de crenças e práticas a seu bel-prazer e para seu uso pessoal, acabam se afastando de fato da tradição da fé católica.

Se eu consegui acompanhar seu raciocínio, significa, então, que não pode haver fé independentemente da inserção em uma tradição?

A fé se define necessariamente na relação com uma tradição. Você diz ser cristão ou muçulmano, protestante e não católico: ao afirmar isso, você está se referindo a uma tradição na qual está inserido. Isso não significa que para você essa tradição seja um dogma imperativo em sua totalidade. Hoje os protestantes estão retornando, em certa medida ou em algum sentido, para as doutrinas católicas – por exemplo, sobre a Virgem Maria – abandonadas por eles no momento da reforma. Por seu turno, os católicos encontrarão um significado bastante aceitável nas teses protestantes outrora condenadas por Roma, num sentido que essas não comportavam necessariamente.

Mas eu falava há pouco *da* tradição católica, no sentido da continuidade histórica, da pertença a uma história comum, não de tradições doutrinais particulares. No verdadeiro sentido da palavra, a tradição não é acumulação de doutrinas que foram surgindo e se estabelecendo ao longo do tempo, muitas das quais já não são compreensíveis para a nossa mentalidade no modo como foram declaradas. Ela é a continuidade da referência da fé à sua origem histórica, ao acontecimento e ao ensinamento de Cristo e dos Apóstolos. É isso que faz de vocês cristãos, não judeus ou muçulmanos; o elemento comum entre todas as confissões cristãs, o que as une numa mesma família de crentes, que é "católica" no sentido primário do termo, a saber, "universal".

Assim compreendida, a tradição não se reduz a uma suma teológica; a fidelidade à tradição é o hábito de um olhar seguro para a origem, não no sentido de acumular avidamente tudo o que foi dito e feito ao longo dos séculos passados, a fim de amontoar as palavras que saíram da boca de personagens ilustres, mas para recolher o Sopro que atravessou as épocas, inspirado em toda parte, não as mesmas palavras, mas o mesmo ato de fé, que nos trouxe a única palavra da vida eterna, e que está retornando hoje e nos volta para o futuro para anunciar a mesma Boa Nova nas línguas de culturas novas ou estrangeiras. A tradição, a verdadeira, a que está viva, não é repetição, mas inovação incessante na busca da verdade plena à qual o Espírito Santo conduz os crentes, como Jesus prometeu a seus discípulos.

Ou seja, a fé está inserida numa tradição histórica. Mas não é encontrada primordialmente numa comunidade – que não se confunde necessariamente com a instituição?

Não discordo. No entanto, se considerarmos atualmente o número de pessoas que se diz cristão, católico ou protestante, a maioria não frequenta nenhuma comunidade cristã. Sobretudo entre os católicos, muitos jovens que não vão à igreja têm mais probabilidade de dizer que são cristãos; muitos outros, que se dizem não praticantes, muito provavelmente irão se casar na igreja, terão seus filhos batizados ou buscarão sepultamento religioso. Nada mais é que um laço a uma tradição sociológica, familiar e cultural que se separou da grande tradição de fé de que falei há pouco, sem romper totalmente a ligação com ela, de modo que essa tradição continua a alimentá-los secretamente sem que se possa dizer, e provavelmente eles mesmos não o saberão, em que profundidade ou em que recanto de sua consciência permaneceram fiéis. Não se deve considerar fora da fé os cristãos que vivem fora da comunidade.

Dito isto, concordo plenamente que a vida da fé, sua inserção profunda na vida, exige a partilha comunitária, não se reduz a crenças subjetivas, mas tem um aspecto decididamente social, recordado com frequência e firmeza por São Paulo, a saber, que todos os crentes formam um mesmo "corpo", que é o "corpo de Cristo", porque o Espírito Santo difunde ali a mesma vida de Cristo que os torna "membros uns dos outros". E essa pertença comunitária não se reduz a reunir-se de tempos em tempos para algumas celebrações; segundo Paulo, exige a continuidade de uma amizade fraterna, de assistência mútua, de uma vida familiar constitutiva da "família de Deus". Resta determinar concretamente onde e como esta vida familiar pode ou deve ser vivida! Aqui já não se pode dissociar tão facilmente a "comunidade" da "instituição". Porque é toda a Igreja católica que se define como o corpo de Cristo em sua totalidade orgânica e em sua unidade hierárquica, de tal modo que a pertença ao corpo de Cristo está intimamente ligada à manutenção da comunhão hierárquica. Isso está na raiz do sério debate entre a Igreja católica e outras confissões cristãs – mas esse não é o ponto que estávamos discutindo. Tal como a Igreja se define, a comunidade de fé que temos em mente deve estar inserida na paróquia e participar ativamente na vida paroquial. É por isso que hoje os bispos e os padres falam bastante de "comunidades paroquiais". Mas vale a pena recordar que, no apogeu dessa ideia de vida paroquial que floresceu depois da Segunda Guerra Mundial, alguns bispos disseram não saber o que significava a palavra "comunidade" – uma palavra que começou a ser usada pelos cristãos para expressar aspirações que não puderam ser satisfeitas em paróquias demasiado frias, muito rígidas, em que se podia ouvir apenas uma só voz, a do celebrante, à qual só tinha como resposta o "amém" dos fiéis, reduzidos ao papel de meros assistentes. Foi essa insatisfação que provocou as primeiras "saídas" ou afastamentos da Igreja enquanto instituição, uns entrando em "comunidades de base", nas quais era possível organizar um fluxo verdadeiro da palavra e de celebrações inovadoras, necessárias à vitalidade da fé; outros foram para "comunidades carismáticas", que propiciavam efusões de piedade e de amizade, igualmente necessárias para a comunhão da fé.

Depois do Concílio e por ele impulsionadas, as paróquias começaram a assumir um rosto inegavelmente mais "comunitário", que muito contribuiu para solidificar a união entre os fiéis que se nutriam de seu espírito. Vimos que essa guinada impulsionou novas iniciativas, mais formais, da parte daqueles para quem a celebração dos "mistérios" requer silêncio hierático, ordem hierárquica, solenidade imutável e até mesmo a incompreensibilidade de uma linguagem arcaica. Outras iniciativas, mais informais, estão se encaminhando atualmente numa direção oposta, nas fileiras dos cristãos que permaneceram fiéis ao Vaticano II e que se veem desiludidos com os mais recentes desdobramentos: de um lado, os "reagrupamentos interparoquiais", que desmembraram as antigas paróquias à escala mais humana, com a chegada de um clérigo de estilo mais clerical, adotando medidas de "reordenação" da liturgia, dos ministérios e de outras atividades, e, por outro, atenuando ou mesmo apagando o rosto comunitário que as paróquias tinham começado a tomar, o que faz com que vários fiéis acabem deixando de frequentar essas paróquias. Assim, o desmoronamento da Igreja de que falávamos continua avançando.

No entanto, resta uma esperança. Para os cristãos que se afastam silenciosamente, ou para aqueles que permanecem para servir enquanto são apoiados, as aspirações comunitárias não desapareceram, e muitos deles gostam de se encontrar informalmente para trocar ideias e discutir os problemas locais ou eclesiais, assumir a responsabilidade pelas atividades de apoio à população, debater sobre o Evangelho, rezar, preparar as celebrações ou improvisá-las sem se preocupar muito com os ritos oficiais. Seguramente, alguns irão acusar esses encontros bem pouco hierárquicos ou canônicos de serem causas da desagregação da Igreja. De minha parte, vejo antes o contragolpe do jurisdicismo institucional, que dissolve o tecido das relações interpessoais cristãs e subtrai a vida em comunidade que deveria estar sob a responsabilidade deles. E, na medida em que esses encontros livres buscam remediar esse déficit criado pela instituição e trabalhar para reconstituir entre eles os vínculos de fé e de caridade que estruturam o corpo de Cristo, vejo um sinal de esperança, a promessa de renovação da Igreja, sob formas ainda não bem conhecidas, no dia em que ela tomar consciência viva da "carne" de Cristo.

O senhor poderia esclarecer a diferença que há entre a "fé" e a mera *herança* que provém de determinada inserção cultural, ou da *credulidade*? Existiriam critérios, objetivos ou subjetivos, para saber se os indivíduos que se dizem ou não fiéis se nutrem ou não de uma fé genuína?

Minha resposta não será dogmática; ela estará inserida primeiramente no contexto atual. A fé é a vontade de colocar em prática o Evangelho em todos os compartimentos da vida. Falando do Evangelho, já presumo uma leitura do Evangelho, uma oração; não há fé viva sem determinada necessidade de oração, mesmo que essa oração seja questionar a figura de Deus mediante parábolas evangélicas, por exemplo.

Mas o que é rezar? Não somos prisioneiros de palavras que já nada significam para os contemporâneos? E quanto à dúvida, que é uma parte tão importante na vida daqueles para quem a fé cristã é uma aposta, o que fazer?

Por que me questionar sobre a fé, se temos de assumir que as palavras de fé mais comuns já não fazem sentido para os nossos contemporâneos? Já há vários milênios que a fé em Deus se exprime na oração: um clamor, um ato de adoração, de louvor, de esperança, de confiança, de pedido – clamor, ação, mas também silêncio para escutar uma presença que brota dentro de si mesmo. Quanto ao que significa a palavra *Deus*, se não encontrar isso no dicionário – no qual não passa de uma palavra entre outras, mas a mais prestigiosa, dizia Levinas, a mais carregada de significado –, você só saberá orando: é o interlocutor invisível e silencioso a quem me dirijo para saber quem sou e para me tornar o que sinto dever ser. Para ter definições mais significativas, e especialmente mais saborosas, leia as Escrituras e o Evangelho...

E o que fazer com a dúvida, você insiste? Mas você não fica tranquilo com ela nos demais afazeres de sua existência? A dúvida é parte integrante de qualquer busca da verdade e de qualquer relação humana; por mais perturbador que seja, às vezes deixamos que ela siga seu caminho, porque sentimos que ela nos levará à verdade; às vezes a afastamos do caminho, porque nos impede de avançar. Não consigo ver como a fé poderia eximir-se da dúvida, ela que se move para além do visível. Atrevo-me a dizer que a dúvida faz parte da fé, no sentido de ter de ser sempre de novo suplantada, pois é a confiança de ser ouvido por alguém que não conseguimos ouvir e de quem não esperamos obter respostas audíveis. Nem por isso ela é uma aposta, isto é, um cálculo interessado: a fé é "um abandono da garantia", escreveu um teólogo alemão; ela é inteiramente gratuita, é mesmo a melhor maneira para se superar a dúvida – isso também aprendemos na Escritura e na oração. Vou retomar agora sua pergunta sobre a natureza da fé e seus critérios. Eu a situara primeiramente no Evangelho, pois se trata da fé cristã, e na oração, pois a fé é uma disposição interior que envolve inteligência, afetividade e vontade. Acabo de propor um critério subjetivo: é precisamente a oração, o desejo de encontrar Deus na oração. Isso porque a fé não é antes de tudo um amontoado de crenças, como você parece supor ao perguntar como ela difere da credulidade: é uma relação com Deus, e nada mais que isso. Antes eu havia proposto outro critério, objetivo: a fé precisa se expressar na Igreja, essa é a condição para que ela se torne vida no corpo de Cristo e não mera crença. Dizendo isto, não tenho em mente sobretudo a instituição crente, a ligação hierárquica ou a prática da religião; não excluo nada disso, mas coloco em primeiro plano aquilo que chamamos vida de fé na partilha comunitária, e que São Paulo chama de prática da "caridade".

Gostaria agora de fazer outra proposta: a fé não é simplesmente uma questão interior – a minha vida de oração – nem apenas a parte da minha vida que participa da Igreja quando vou à missa ou quando frequento uma comunidade cristã; ela exige o engajamento de toda a minha vida, minhas relações com meus semelhantes, minha vida na sociedade, minha vida profissional, meus compromissos políticos, minhas responsabilidades cívicas e econômicas. Como disse o Concílio Vaticano II, ela exorta os cristãos a semear o Evangelho nas realidades do mundo, a iluminar os problemas da sociedade à luz da lei de Deus e de seu propósito criativo, e assim estar a serviço da humanidade. Estender a ideia de catolicidade à globalidade da vida do mundo talvez seja o aspecto mais caraterístico do catolicismo pós-conciliar.

Mas isto levanta uma questão espinhosa: A articulação entre o crente e o cidadão. Ser um crente – cristão ou não – significa dar uma forma de primazia ao que se considera ser a lei de Deus sobre a lei dos homens?

Precisamos avaliar primeiro o que significa a "lei de Deus". Em linha com os profetas do Antigo Testamento, o Novo Testamento sabia distinguir a lei de Deus, entendida como os Dez Mandamentos (o Decálogo), do resto da lei mosaica que os judeus piedosos escrupulosamente observavam como se também essa tivesse sido dada por Deus a Moisés, mas que Espinosa sabia ser apenas uma lei étnica, ao mesmo tempo familiar, social, política, moral e cultural, específica do povo judeu em tempos em que não se separava a religião da vida da cidade. Embora estruturalmente relacionado com essa legislação, o Decálogo ("Não matarás, não cometerás adultério..."), ditado por Deus a Moisés no Monte Sinai, segundo o relato bíblico, reúne mandamentos dos quais a maioria provém de leis mais antigas, sumérias e mesopotâmicas: a "lei de Deus" é o produto das civilizações mais antigas que ensinaram os homens a comportar-se como homens. Por isso, não é prudente descartá-la com desdém como se fosse apenas um artefato alheio ao verdadeiro "humanismo". Relendo os trágicos gregos, nossos contemporâneos ficariam surpresos ao descobrir que a lei divina ou as "leis eternas" podiam ser invocadas por pagãos (e, portanto, por Antígone) como sendo mais misericordiosas do que as leis da cidade.

Reconhecendo esse fato, eu também concordo sem problemas que as leis morais ensinadas pelas religiões a seus fiéis não se destinam a ser impostas aos cidadãos pela lei dos Estados. Em nossas sociedades multirreligiosas e multiculturais, o Estado não pode se apropriar de qualquer religião ou crença, nem se colocar como professor moral; ele estabelece a definição do "bem comum", e muitas vezes, quando os cidadãos não concordam mais com esse bem comum, o Estado se vê forçado a permitir aquilo que as religiões ou a moral proscrevem como mal moral, mas que parece ser a melhor maneira prática de evitar sérios danos físicos ou sociais. Por exemplo, o problema do aborto, dos produtos contraceptivos ou dos preservativos. As religiões dominantes, ou que aspiram a se tornarem tal, gostariam que os Estados proibissem ou impusessem o que elas próprias proscrevem ou prescrevem, mas o resultado seria um estado de guerra permanente na sociedade. E então devemos observar que tanto a moral quanto a consciência moral evoluíram tremendamente ao longo do último meio século: os jovens parecem não sentir qualquer problema moral em se unirem antes do casamento, e os cônjuges cristãos já não aceitam a intervenção das autoridades religiosas na intimidade da vida do casal. Por que o Estado imporia ou proibiria pela força a sanção da lei que a religião é incapaz de obter pela convicção e pela fé de seus fiéis?

    A evolução das leis e da moral não impedirá que os cristãos procurem fazer valer aquilo em que acreditam ser comandado pela "lei de Deus", mas mediante argumentos de razão moral, dentro do debate ético contemporâneo. Acima de tudo, a fé irá dissuadi-los de se crerem autorizados a fazer tudo o que o direito civil lhes permite e tudo que a evolução da moral persuade a muitos de seus contemporâneos a considerar "normal", "porque todos o fazem". A fé não sobrevive sem rigor moral, isso porque inspira tanto a relação com os outros – que é o campo preferido da moralidade – como a relação para com Deus; mas a moralidade provém diretamente do julgamento da consciência, não da fé. Todas as religiões, é verdade, impõem proibições e preceitos morais, mas são muitas vezes tradições étnicas e culturais, não leis divinas ou éticas, mesmo que sejam adornadas com esses nomes; esse era o caso, por exemplo, da proibição de casamentos "mistos" (entre judeus e pagãos) no judaísmo pós-exílico.

    Não nos esqueçamos que na moral entram muitas questões de "costumes", ou seja, hábitos e comportamentos que mudam de acordo com as épocas e as sociedades, tais como regras de "bom comportamento" ou "ritos" de decência. Esta visão, que procede da racionalidade da história, não permite que os cristãos que não mais observam a moral sexual do passado (o que não significa que não observem nenhuma) tenham abandonado ou traído completamente sua fé. Infelizmente há muitos entre eles que deixaram de frequentar a Igreja porque acreditam ou se sentem rejeitados por ela. A atitude "pastoral" das autoridades religiosas terá de evoluir se não quiser afastar seus fiéis, ao preço não de uma adaptação vergonhosa à moral mundana, mas de uma reflexão mais profunda sobre a verdadeira natureza da moral, levando em consideração ademais o comportamento de Jesus para com os "pecadores" de seu tempo.

Qual é o sintoma dessa crise de "moralidade"?

Digamos que houve uma crise geral de civilização, sem dar à palavra "crise" um significado pejorativo, mas no sentido de que sem dúvida houve uma desagregação dos elementos que constituem a religião e o Estado, a ética e o direito, a tradição e a sociedade, o conhecimento e a tecnologia, e outros elementos mais. Uma civilização é a integração harmoniosa desses vários componentes; mas quando se evolui, o todo torna-se desorganizado, e deve-se procurar reposicionar esses elementos em sua mútua relação, ou esperar até que se crie um novo equilíbrio. É difícil diagnosticar uma crise e discernir como sair dela no tempo geralmente muito longo em que ela se produz. Os historiadores identificaram duas grandes crises civilizatórias nos séculos XII e VI antes da nossa era nas migrações populacionais e nas convulsões dos impérios que afetaram os países da Bacia Mediterrânea; o advento do cristianismo e a sua ascensão à religião oficial do Império Romano foram mais uma crise decisiva para a formação da Europa; no final da Idade Média, a tradição, que era o fundamento da cultura, se rompeu, dando lugar à ideia de *sujeito*, ávido de se libertar de todo e qualquer constrangimento e poder criar a si mesmo. Em nossa época, é a religião que está desmoronando; ela já não exerce nenhuma autoridade em qualquer campo, perde o poder de regulamentar as leis do Estado, os costumes da sociedade, os critérios e os propósitos do conhecimento. Apesar das efervescências religiosas que temos relatado (os movimentos carismáticos, o evangelismo), o fenômeno parece ser bastante generalizado no cristianismo. Em virtude da globalização, parece que também as outras religiões são afetadas, quando entram em contato com as sociedades e culturas secularizadas, apesar dos fundamentalismos a que aludimos e que em grande parte são o resultado da reação aos choques por elas sofridos. Pode-se pressagiar uma retração geral e definitiva da religião nas posições-chave que ocupava na história das civilizações desde os tempos arcaicos até o presente.

O que isso nos permite pressagiar em particular para o futuro da Igreja católica?

Vou reservar-me o direito de não fazer prognósticos. A retração não significa desaparecimento, nem a religião se identifica com a fé. Ela é sua encarnação numa sociedade, na qual está sujeita às suas influências. É sobretudo por meio de seu clero e de suas ordens religiosas que a Igreja exerce sua autoridade sobre a sociedade, por intermédio de organizações e movimentos de piedade, de apostolado, de caridade, de ensino, de serviços sociais e outros. A drástica diminuição das vocações sacerdotais (alguns preferem chamá-las de "presbiterais", mas a palavra é menos comum) e das vocações religiosas reduzem consideravelmente o poder de ação da Igreja sobre a sociedade. Inversamente, é um sinal de que a sociedade já não sente a necessidade de perpetuar o modelo religioso segundo o qual ela funcionava no passado. Isso porque seria ingênuo pensar que as "vocações" surgiam apenas do apelo interior da graça; elas vinham também das pressões recebidas da família e dos educadores, do apoio e encorajamento do entorno social, da consideração dada às "pessoas consagradas", e não se deve esquecer dos benefícios econômicos, da "situação" que as crianças vindas de famílias numerosas e pobres encontravam ao entrar nas "ordens". Vemos, por exemplo, bispos procurando sacerdotes e freiras em países pobres, nos quais em determinadas épocas os patrões da indústria iam recrutar mão de obra.

A escassez de sacerdotes, religiosos e religiosas irá sem dúvida desorganizar a Igreja, mudar sua configuração, forçá-la a recolocar seus fundamentos na base leiga, partindo de pequenas comunidades que já vemos se formar, em ordem ou desordem, assíduas no estudo do Evangelho, aplicadas em vivê-lo fraternalmente, a colocá-lo em prática na sociedade, mantendo a tradição da fé cristã, da qual ela há tanto tempo tem se alimentado. Eis em que sentido presumo e espero que vá evoluir o futuro da Igreja, em que encontrará renovação da vitalidade e continuará a ajudar na busca de um sentido para nossa vida contemporânea.

Será que essa busca contemporânea de sentido, de compreensão e espiritualidade só poderá encontrar um canal adequado dentro de uma tradição específica?

Não consigo compreender sua pergunta. Falávamos do futuro da Igreja católica na sociedade francesa e europeia e da ajuda espiritual que ela provavelmente possa lhe trazer. Não vejo que possa tirar esta ajuda, a não ser de sua própria tradição, da qual essa sociedade se inspirou ao longo de sua história, mesmo que tenha se beneficiado das contribuições de outras tradições religiosas. Se agora você perguntar onde nossos contemporâneos, enquanto indivíduos, podem encontrar ajuda em sua busca de significado, fica claro que eles dispõem de um verdadeiro *mercado* diversificado de bens espirituais, como dizem os sociólogos, onde muitas pessoas vão buscar provisões, e não faltam gurus para oferecer ou vender seus serviços. Você gostaria que o cristianismo se mesclasse com essas tradições ou abrisse mais espaço para elas? Ou que a sociedade buscasse ainda mais provisões nessas tradições?

Quero dizer que já não existe uma ligação necessária entre uma religião específica e uma cultura específica. Por duas razões: a primeira é a expansão dos dois grandes monoteísmos, mas também do budismo, por exemplo, muito além do seu berço cultural, e sua "inculturação" mais ou menos bem-sucedida e mais ou menos bem direcionada em outras sociedades; a segunda é a compenetração das ideias e das culturas, que está parcialmente ligada à explosão dos meios de comunicação, e em parte ao inegável apelo que a cultura ocidental contemporânea exerce sobre o resto do mundo, especialmente sobre as jovens gerações, desencorajando o cultivo de culturas específicas em favor de

uma cultura global, muitas vezes indigente em suas expressões, mas muito partilhada. Não haverá ali um terreno fértil para uma "intrarreligião" que possa assumir formas culturais particulares?

Eu não gostaria de me envolver numa discussão que excederia minhas competências. A palavra "cultura" é uma das mais difíceis de manusear, e o significado de "religião" nos escapa assim que começamos a defini-la, ainda mais quando a relacionamos com a cultura. Se remontarmos às sociedades antigas, encontraremos a religião por toda parte; cada povo, cada cidade tem um culto, honra seus deuses, e mais particularmente um deles; essa adoração é parte integrante de sua cultura, como indica o parentesco semântico dos dois termos; mas a cultura tem muitos outros elementos: a língua, a arte, o estilo de morar, o tipo de alimento e da culinária, a técnica etc., e todos esses elementos, por mais diversos que sejam, estão estreitamente entrelaçados entre si e especificam a cultura desse povo ou dessa cidade-estado. Mas estes elementos evoluem ao longo do tempo, misturando-se com outros emprestados de grupos vizinhos ou impostos por um vizinho mais poderoso. As culturas e as religiões se sobrepõem e se alteram entre si sem se destruírem umas às outras, o que por vezes dá origem a uma civilização nova e bem específica, na qual coexistem diferentes culturas e cultos. Foi assim que os generais de Alexandre espalharam a cultura grega na Judeia três séculos antes de Cristo, o que imprimiu a sua marca na religião judaica (ou devemos dizer na sua cultura?), como evidenciado por vários livros da Bíblia e pela tradução da Septuaginta, mas nem por isso corroeu seu monoteísmo.

O cristianismo tem um vínculo fundamental com a cultura europeia, teria de ser sectário para negá-lo ou minimizá-lo; mas eu próprio seria sectário se argumentasse que esse vínculo é exclusivo, absoluto, indestrutível, de tal modo que essa cultura se destruiria se deixasse de ser cristã. Estou bem livre de esquecer que a religião cristã se espalhou na Europa ao mesmo tempo que a racionalidade grega e o direito romano, e quem dirá qual dos três influenciou mais a civilização europeia? Nem que ela se infiltrou nos povos dotados de culturas particulares e que eles acabaram se tornando componentes do mundo ocidental. Tampouco que o próprio cristianismo se dividiu já desde cedo em inúmeros ramos que assumiram as caraterísticas culturais dos países em que foram implantados. Então, não estou dizendo que a Europa está demasiado impregnada de religião (ou cultura?) cristã para poder abrir-se a outras religiões, como o islamismo ou o budismo (se é que ele é uma religião?). Para a primeira, isso já se cumpriu em razão das migrações de populações como nos tempos antigos; quanto a saber se sua "inculturação" (ou aculturação?) obteve sucesso, os inúmeros choques "culturais" mostram que é demasiado cedo para afirmá-lo, e seria arriscado prever que o islamismo está pronto para ocupar o lugar deixado vago pelo recuo do cristianismo. Quanto ao budismo, tão diverso em seus países de origem (Índia, Japão, China), ele sem dúvida exerce uma atração sobre muitas pessoas e parece capaz de oferecer espiritualidade àquelas que já não sabem onde buscar recursos. Mas ele não se comunica com as mentes ocidentais sem alterar profundamente seu espírito original.

Quanto à "compenetração das culturas" no mercado global, não há provas de que esteja a caminho da criação de uma nova cultura. A difusão da coca-cola ou do *rock* ou do *jeans* em países muçulmanos raramente leva ao abandono da religião; via de regra produz exacerbações islamitas, e não vejo por meio de que milagre "a atração que exerce a cultura ocidental", amplamente irreligiosa, "sobre o restante do mundo" poderia servir de terreno fértil para algumas "intrarreligiões". O termo é usado, sei, por teólogos que acreditam que todas as religiões do mundo procedem da mesma subjetividade religiosa, que nas atuais circunstâncias poderia levar a uma nova era religiosa, se não por sua fusão, pelo menos pela comunhão de todos os espíritos religiosos entre si e fora das suas próprias instituições religiosas. Apesar da evolução óbvia do fenômeno religioso ao longo do tempo, considero difícil imaginar que possa desembocar num futuro desse tipo; existem tantas razões para acreditar que conduzirá ao desaparecimento da religião, uma vez que de qualquer maneira a "intrarreligião" acabará dissolvendo as formas religiosas existentes.

Ainda assim, não vejo como o cristianismo poderia se fundir com outras religiões, mesmo monoteístas, primeiro porque o judaísmo e o islamismo não estão intimamente convencidos de que o cristianismo seja um monoteísmo puro, em seguida porque sua ligação com o evento Cristo, tomado como revelação de Deus, liga-o a uma origem e tradição históricas que não pode partilhar com outras religiões nem dele se desfazer sem renegar a si mesmo, pois para ele essa referência é indissociável de sua nomeação de Deus. Se, portanto, não pode continuar sendo *a* religião do mundo ocidental, como já foi no passado, só poderá continuar a nutrir pelo menos sua espiritualidade permanecendo idêntico a si mesmo, mas não sem um grande esforço de inovação de suas estruturas e de inventividade para efeitos de comunicação.

...e isto no contexto das sociedades ocidentais marcadas por uma profunda crise de transmissão, incluindo a da cultura.

Há pouco, quando eu falava de uma crise geral na sociedade, era isso que estava tentando dizer: a causa principal da crise é que já não está mais havendo transmissão. No passado, a transmissão ocorria de quem mandava para quem obedecia, dos pais aos filhos, do pastor às ovelhas, do mestre aos alunos, do chefe aos operários, do líder político aos concidadãos. A transmissão se rompeu: essa é a crise da nossa civilização; é possível ver claramente a forte relação entre esta crise e a da religião: a religião no sentido tradicional, isto é, ligada à cultura, baseia-se na transmissão. Uma vez que o culto exige a observância exata e a repetição dos ritos, a religião se constitui numa releitura perpétua (de acordo com sua etimologia latina *relegere:* recolher, reler). No complexo que constitui uma cultura, a religião é o elemento estável, o princípio e o dinamismo interno da continuidade; foi evidentemente ela que assegurou no passado a estabilidade da autoridade política, por ela fundada e sacralizada. Assim, logo que conseguiram compreender que a divindade é una, os filósofos gregos da Antiguidade não deixaram de recomendar que se observassem também as festas dos deuses da cidade, presididas pelos magistrados, a fim de manter a boa ordem e as tradições; mais tarde, as monarquias europeias irão apoiar a religião cristã, de onde o princípio monárquico hauria sua força; na França, após a separação entre a Igreja e o Estado, o poder republicano irá manter os crucifixos nos tribunais durante algum tempo para reforçar o respeito e o medo da justiça que lhe eram devotados; é sabido que os partidos políticos "conservadores" apoiam geralmente a religião estabelecida.

Assim, foi o colapso da religião cristã, em razão da perda da crença, que colocou a civilização ocidental em crise, removendo seu elemento estabilizador. O espírito crítico prevaleceu contra ela, um espírito de investigação infinita, herdado da racionalidade grega e fonte da dúvida sistemática, sobre a qual se baseou a ciência europeia. No entanto, o pensamento grego não era hostil à crença em Deus, longe disso, mas na busca do infinito da divindade acabou desestabilizando a crença nos deuses locais: Sócrates foi a vítima ilustre da sua vingança. Depois de alguma hesitação, o cristianismo nascente sentiu isso claramente e tornou-se um aliado da razão grega – Joseph Ratzinger teve razão em defender isso – tanto para combater o paganismo e suas superstições como para explorar e pensar os mistérios da revelação. Nesse sentido, de longe o cristianismo foi o principal transmissor do pensamento grego ao pensamento europeu, que recebeu o gosto e o impulso da investigação infinita, como reconheceu Edmund Husserl ao denunciar a crise da ciência europeia, que está perdendo o sentido da infinitude após o eclipse do pensamento crente.

Eric Weil escreveu que a única tradição do espírito ocidental é a da mudança: da pesquisa, da inovação. Pode-se concluir que não é um terreno fértil e favorável às religiões, pois lhes introduz um fator de instabilidade – e não é errado pensar assim. Não se deve concluir depressa demais por uma incompatibilidade inata entre a nova cultura europeia e o cristianismo. Jesus não deixou a seus discípulos nem ritual, nem código legislativo, nem corpo doutrinal e nenhum ensinamento escrito, nada que teriam de repetir e conservar sem alterações – nada mais que a novidade perpétua de uma Boa Nova a ser anunciada, o seu "Evangelho", ilustrado por parábolas que precisam ser decifradas sempre e cada vez de novo. É por isso que o cristianismo foi capaz de se ligar sem contradição à inventividade do pensamento grego. Mas ele teve de se equipar com as estruturas da religião para se estabelecer no mundo e para durar. Nos tempos que se seguiram, apegou-se a essas estruturas nas quais encontrou sua segurança, a força de seu poder, a garantia de sua duração e identidade; ele enclausurou o Evangelho sob a guarda de seu Magistério e não soube ouvir a tempo o gemido de seus fiéis que aspiravam buscar Deus sem qualquer impedimento; ele tentou igualmente encaixar o pensamento grego num sistema fechado, e não entendeu porque o pensamento começou a brotar em outro lugar, na filosofia da liberdade, e a virar-se contra ele. Assim, rompeu-se o fio da transmissão; incapaz de reinventar-se, a religião cristã se esvaziou lentamente de suas forças, e a civilização europeia, deslocada, perdeu de vista o polo infinito de sua busca de sentido.

Mas o Evangelho permanece para a Igreja como um princípio inexaurível de renovação. Mergulhando novamente em sua novidade, ela será capaz de interpretar os sinais dos tempos, compreender a razão das mudanças que ocorreram no mundo, renovar sua comunicação com ele sem se conformar com o pensamento do mundo, cumprir sua missão para com ele, que é alimentar a cultura do espírito evangélico. Seu futuro está na liberdade que o Evangelho lhe abre.

A esse respeito, o que fazer com todos esses cristãos, e sobretudo com os católicos que se tornaram duplamente órfãos: órfãos, em primeiro lugar, numa sociedade em que "Deus está morto", para dizê-lo com poucas palavras – em que pelo menos a noção daquilo a que chamamos "o bem conhecido" de Deus está morto, e provavelmente por um longo período de tempo; órfãos, ainda, porque já não se encontram na tradição *como* foi sustentada, guardada, protegida pela instituição religiosa? Além disso, será que só se pode falar de *uma* tradição no campo cristão? Não haverá uma pluralidade de tradições?

Já respondi parcialmente à segunda parte de sua pergunta: sim, há uma tradição cristã, e há várias, mas não no mesmo sentido forte da palavra. Há apenas uma, aquela que faz com que uma multidão de pessoas de diversas proveniências, de sensibilidades e de inteligências muito diversas se reconheça como cristã; isso poderia ser definido com uma fórmula própria da primeira metade do segundo século, na qual cristãos de todas as línguas ainda se reconhecem hoje: é a regra de dirigir nossas orações a Deus nosso Pai por meio de Jesus Cristo seu Filho, nosso Salvador, no Espírito Santo que habita em nós e nos une na mesma fé. E, sim, há tradições diferentes, mais velhas ou mais novas: católicas, ortodoxas, reformadas, que coloquei no plural porque cada grupo está subdividido em vários ramos, por exemplo siríaca ou caldeia no caso dos católicos, gregas ou russas no caso das ortodoxas, luteranas ou calvinistas no caso da tradição da Reforma, e estou longe de mencionar todas as Igrejas autônomas. Todas essas tradições caracterizam-se por práticas litúrgicas, tipos de organização, diferentes formulações dogmáticas, caraterísticas históricas, linguísticas, locais e muitas vezes também – infelizmente! – por graves disputas que contrapõem uns aos outros, sem que isso rompa, porém, a unidade natural que os faz crer no mesmo Deus que se manifestou em Jesus pelo dom do Espírito santificador.

Mas como se posicionar em relação aos dogmas que aparentemente já não fazem sentido hoje – já não fazem sentido por que já não conseguem se fazer ouvir nem compreender?

Vejo que você visa particularmente as tradições dogmáticas da Igreja católica e pergunta pelo que se deve responder aos fiéis que as consideram incompreensíveis. Em primeiro lugar, admita que a pregação e a catequese geralmente não abusam de abstrações dogmáticas, apesar da predileção que as altas autoridades lhes concedem. Em segundo lugar, aconselhe os cristãos a não se preocuparem com elas, mas apenas a ler e estudar os Evangelhos, que também apresentam dificuldades, mas de natureza diferente; aos mais interessados, ofereça publicações que podem ser encontradas em todos os níveis, nas quais encontrarão explicações a seu alcance. Afinal de contas, as dificuldades intelectuais são uma reação frente à riqueza e à profundidade do pensamento cristão, que tem confrontado os sistemas filosóficos mais elevados ao longo dos séculos, e seria algo danoso excluir essas doutrinas a pretexto exclusivo de que repugnam às mentes modernas.

Minha resposta pode parecer uma defesa *pro domo* do teólogo que sou, e apresso-me em admitir que as abstrações que você denuncia me trazem problemas muito graves, talvez insolúveis, não só por causa de sua formulação, mas também no nível das doutrinas expressas: trindade, encarnação, redenção... Quando reflito sobre isso, impaciente por não conseguir ver claramente, digo: cuidado, essas palavras expressam o caráter próprio da fé cristã, e, se nos decidirmos prescindir delas, arriscamos esvaziá-la do que tem de específico e reduzi-la a uma espiritualidade vaga. Portanto, eu me apego e me atenho ao que elas significam: que Deus é amor, quis compartilhar nossa condição, comunicar-nos sua santidade e sua vida – realidades simples mas imensas.

Retomo finalmente a primeira parte de sua pergunta: "O que fazer com estes católicos órfãos numa sociedade em que Deus está morto", inclusive, você acrescenta, "o bem conhecido de Deus"? Nisto estou bem menos certo que você: certamente nosso mundo está cheio de pessoas para as quais o nome de Deus já não representa mais nada que seja vivo ou sensato, mas precisamente porque deixaram de referir isso à pessoa de Jesus e ao modo típico como ele fala de Deus, de tal modo que esse nome já não lhes diz nada mais que a velha e vaga ideia universal do ser todo-poderoso que supostamente governa os assuntos humanos, e que é tão desleixado nisso que ninguém perde nada ao deixar de pensar nele. – Mas em que sentido os cristãos se sentem "órfãos" neste mundo? Quanto ao primeiro ponto, responderei: que tomem uma decisão relendo o que São Paulo escreve sobre a condição da fraqueza e da loucura na qual Deus se ligou definitivamente à cruz de Jesus, condição à qual a "linguagem da cruz" reduz igualmente os cristãos. É isto que vem do "estabelecido" de Deus! O segundo ponto é que eles não devem deixar de se solidarizar com o mundo que rejeita sua fé, mas tentar dar-lhe uma ideia mais justa por meio de seu modo de vida, trabalhar com ele para afastar os males que o afligem. Incutir-lhe o espírito do Evangelho que o trará de volta ao caminho para o Reino de Deus.

Mas o senhor não acha igualmente que o Magistério da Igreja poderia facilitar a adaptação de sua tradição ao mundo moderno, e conceder mais liberdade de interpretação aos fiéis?

Seguramente. O Vaticano II admitira essa ideia e começou a implementá-la, mas as orientações que vieram posteriormente pareciam e ainda parecem fazê-la retroceder. Na instituição católica, o Magistério romano tende a reduzir toda a diversidade e afirma ser o único intérprete da tradição, o que deixa pouca iniciativa ao conjunto da hierarquia e dificulta muito a mudança das coisas. A tradição é definida pela autoridade suprema, que também se reserva o direito de determinar o sentido da Escritura, de modo que o poder não tem outra regulamentação a não ser a sucessão de suas próprias decisões iluminadas pela luz da autoridade divina. Embora *normalmente*, isto é, como era nos primeiros séculos, a Escritura representa a autoridade soberana da fé, tal como interpretada pela pregação contínua e universal dos pastores da Igreja, solidariamente sucessores do Colegiado Apostólico. Normalmente, o romano Pontífice, no topo da cadeia em sua qualidade de guardião da unidade da Igreja e garante da continuidade da sua tradição, intervém apenas para dirimir as divergências que surgem entre as Igrejas, cuja comunhão constitui a Igreja universal, e via de regra o faz com o auxílio e apoio do conjunto dos bispos com os quais está unido, esclarecendo as disputas que possam surgir à luz da tradição que se estendeu até o presente, de modo que ele próprio aceita ser julgado pela tradição na qual ele julga as contendas e os eventuais desdobramentos.

De fato, a tradição não é nada inerte e imutável, não é um documento de arquivo, nunca para, porque está viva; é a fé em Cristo, proclamada pelos Apóstolos, para sempre registada nas Escrituras, perpetuamente iluminada pelo Espírito Santo, que guia os crentes para a verdade plena. Por isso, não é propriedade de ninguém, não atua como autoridade separada das Escrituras, cujo significado ela esclarece, não é a única voz da autoridade eclesiástica, porque exprime também a fé na qual os fiéis vivem. A tradição da Igreja inclui o *sentido da fé dos fiéis* (*sensus fidei ou fidelium*), de que por fim o Vaticano II reconheceu o valor e a verdade; este sentido da fé que é o sentimento, o consentimento, o pensamento, a inteligência, o juízo dos fiéis, portanto também dos leigos, sobre o que é o mais essencial da fé, pois todos são iluminados pelo Espírito Santo, diretamente porque ele habita em todos de igual modo, ao mesmo tempo indiretamente pelo ensino *autorizado* dos bispos. Portanto, *normalmente* o que há é uma *circulação* da fé entre as Escrituras, os fiéis, os bispos e o papa, e é isso que constitui o que chamamos de *a* tradição.

Mas com o correr do tempo a Igreja Romana se habituou a ser considerada uma instituição exclusivamente hierárquica e monárquica. Os bispos falam como mestres e juízes da fé *sob* a autoridade do papa, e os fiéis via de regra não têm voz. Segue-se que a autoridade dos bispos como intérpretes da tradição, como testemunhas da fé recebida em sua Igreja (local), não é plenamente respeitada, e o *sentido da fé* dos fiéis não é ouvido. Em última análise, a autoridade do bispo deve estar em consonância com sua capacidade de ser a voz de seu povo; mas, para que esta voz seja ouvida, o povo precisa ser consultado de forma responsável. O Vaticano II tinha se comprometido a remediar estas deficiências de representatividade que atenuam a autoridade da Igreja local em diferentes graus, reprimindo a voz do povo cristão, recordando os princípios da subsidiariedade e da colegialidade e mediante a instituição, em diferentes níveis, de sínodos episcopais, sínodos diocesanos, conferências episcopais, e igualmente de conselhos diocesanos e paroquiais nos quais os leigos estariam presentes. Mas a autoridade romana logo fez prevalecer o princípio monárquico e a hegemonia do poder consagrado.

O estabelecimento de um diálogo interpretativo da tradição entre o poder religioso e as comunidades de fiéis parece-me ser a condição necessária para a sobrevivência da Igreja nas sociedades democráticas modernas. Isso porque os fiéis continuarão a deixar a Igreja até que ela reconheça o direito de expressão que os cidadãos gozam na sociedade política; a vitalidade da Igreja está ligada ao grau de responsabilidade de seus membros; e o mundo não entrará em diálogo com a Igreja, nem dará ouvidos a seus ensinamentos até que esta comece a atuar de pleno direito na sociedade, respeitando a liberdade e a dignidade de seus membros. Em outras palavras, a Igreja precisa de um pouco de jogo democrático, não porque sua legitimidade provenha do povo que reúne, mas porque não pode exercer sua autoridade com legitimidade plena, sem respeitar a responsabilidade de seus membros no tocante a seu ser cristão.

Como o senhor definiria as necessidades contemporâneas da Igreja no que diz respeito à democracia, e quais os modos de funcionamento adequados o senhor preconizaria?

Não vou entrar em detalhes sobre o assunto, não por medo de me comprometer, pois todo mundo conhece suficientemente bem meus posicionamentos, mas porque não pretendo dar aqui um curso de teologia e não me sinto qualificado para esboçar um "modelo" de Igreja. Apenas faço algumas reflexões, e outros poderão começar a trabalhar nisso.

Em sua opinião, até onde, numa tradição específica, o fiel pode redefinir a linguagem, os símbolos e os gestos de sua fé ou de sua tradição?

A palavra "redefinição" não é bem aceita, na medida em que o Magistério da Igreja reserva-se o direito da "definição". Se se trata de *reinterpretar* uma "tradição específica", o que compreendo como um item de doutrina ou de disciplina ou de prática sacramental, supõe-se que a tradição seja recebida e aceita em sua conformidade com a tradição universal, tendo somente de ser repensada à luz dos novos tempos ou de um novo problema. Um fiel tomado isoladamente não tem autoridade para fazê-lo sozinho, só pode ser obra de uma comunidade regularmente constituída e consultada, o que nos remete à pergunta anterior. Se esta é uma mudança importante, como você parece considerar a redefinição da linguagem e dos gestos de fé, somente uma assembleia da Igreja local teria a capacidade de fazer isso, com a aprovação de seu bispo; e quanto maior importância tiver a questão e quanto mais ela transbordar os limites de abrangência desta Igreja, tanto mais tocará às instâncias superiores, para evitar o perigo de a linguagem simbólica da fé universal desmoronar ou se romper. E é preciso dar-se conta igualmente que quando se fala de linguagem ou gesto, tanto no âmbito da fé como em qualquer outro campo, estamos lidando também com a questão do pensamento. Assim, quando me pergunta "até onde o cristão pode ir", você está situado no terreno da lei, e não pode evitar a intervenção da hierarquia, guardiã desse direito.

Tem-se a impressão de estar preso numa alternativa estéril em seus dois extremos: a selva ou o regimento – a selva, que seria de alguma forma o ato de cada fiel de inventar sua própria religião,

e o regimento, que em grande parte está ligado à situação atual, pelo menos no campo católico. Não haveria uma terceira via?

Esta situação não é exclusividade do âmbito católico, embora seja mais grave ali do que em outras sociedades que estão submetidas a regulamentações democráticas. Nenhum indivíduo sozinho, nem mesmo um determinado grupo, pode decidir alterar de um dia para o outro as regras do jogo da vida em sociedade, as regras da decência e da civilidade, os códigos linguísticos, os princípios do direito e da justiça etc., nem para o seu próprio uso, nem sobretudo para se impor sobre outros; isso seria o caos, e ele seria rapidamente reconduzido à ordem. Um indivíduo ou grupo cristão não pode continuar sendo cristão se se colocar fora da comunhão dos cristãos, o que denominamos Corpo de Cristo, e, se for contra a história que a tornou cristã, o que chamamos de *a* tradição da fé.

É verdade que na sociedade civil um indivíduo ou grupo tem meios para mudar as coisas, mesmo em profundidade, sem abalar ou ser eliminado pela sociedade: por meio de eleições ou campanhas de opinião pública. Um católico é privado dos primeiros meios acima mencionados, mas não é privado inteiramente dos segundos: é possível criar uma opinião pública dentro da Igreja pela participação nos conselhos em que os leigos são admitidos (e pode-se pedir que isso seja feito mediante eleições regulares), por meio de associações de fiéis (reconhecidas pela lei eclesiástica conhecida como *direito canônico*), pela imprensa e outros meios de comunicação (católicos ou não). Além disso, não é inteiramente correto dizer que no campo católico não há qualquer intermediação entre a selva e o regimento, digamos, entre a liberdade de expressão a que cada um tem direito e o monopólio da palavra próprio da hierarquia: há o campo do discurso teológico, no qual se desenvolve uma linguagem de propostas alternativas.

Tomo aqui a palavra "teologia" em sentido lato, que abrange todas as disciplinas chamadas "ciências eclesiásticas": dogma, exegese, liturgia, direito canônico, história da Igreja, teologia das religiões, moral etc. Nem todos os teólogos têm a mesma liberdade de expressão ou de escrita, ou não sabem como fazê-lo. Mas isso não impede que em seu conjunto tenham uma linguagem diferente da do Magistério, não aquela que é definida pela autoridade e pela tradição, mas a que é elaborada e imposta pela reflexão e pela ciência; que não diz o mesmo que o primeiro, ou que o diz de forma diferente, que muitas vezes não concorda com o primeiro, mas contradiz ou corrige-o em pontos importantes, e assim *propõe* outra forma, nova e mais justa, de defender algum ponto da fé e ensiná-lo aos fiéis. Por exemplo, os teólogos mostrarão que o dogma do pecado original, como ensinado, não pode ser baseado verdadeiramente nas Escrituras às quais faz apelo, nem na tradição mais antiga, e, demonstrando o verdadeiro significado dos textos de referência, procurando as razões e a intenção pelas quais a Igreja definiu esse dogma, indicarão outra maneira, mais real, de compreendê-lo que salvaguarde a fé que o propôs.

Volto a sublinhar que muitos teólogos de hoje, entre os quais notavelmente há cada vez mais mulheres e leigos, já não permanecem presos em seus lugares de estudo e de ensino, mas vão de bom grado ao encontro dos fiéis com os quais estão muitas vezes empenhados também em tarefas pastorais; partilham de sua incompreensão ou indignação perante certas doutrinas ou decisões, antigas ou recentes, da autoridade eclesiástica; eles lhes comunicam em termos mais simples o seu conhecimento e as suas reflexões, procuram expressar em seus discursos os pensamentos e sentimentos dos fiéis, mais que simplesmente retransmitir a eles a palavra do Magistério, oferecem reciprocamente aos fiéis a oportunidade de se expressarem, com conhecimento de causa, sobre questões que os preocupam, e que muitas vezes são questões de ética, de disciplina sacramental, de liturgia ou da vida na Igreja, questões sobre as quais eles têm experiência direta, o que lhes dá o direito de falar com propriedade.

Assim, poderia nascer na Igreja uma opinião pública bem informada e ponderada, que desfrutaria de inegável direito de cidadão, uma vez que exprimiria tanto por intermédio de leigos quanto sob a pena de teólogos, o verdadeiro sentido da fé dos fiéis (*sensus fidelium*) a quem falávamos, parte integrante e inovadora da tradição da fé. Assim, haveria uma circulação do discurso da fé entre autoridade que recorda o que sempre foi dito ou feito, teólogos que mostram que tudo o que foi dito ou feito não é algo acabado e pode ser compreendido de forma bem diferente, e comunidades cristãs que poderiam lançar mão de sua experiência da vida de fé e da vida do mundo, iluminada pelo Espírito Santo, para sugerir mudanças na linguagem ou na prática.

Existe um caminho que consiste em partir do conhecimento adquirido da religião, dos dogmas, e de utilizar a reflexão teológica, mais dinâmica do que o da hierarquia, cujo conhecimento é mais rígido, a serviço da comunidade. Outro caminho para o teólogo seria ter como fundamento questões essenciais e fundamentais que hoje nos são apresentadas. Então, exagerando, a teologia não poderia tomar um rumo diferente do que apenas fornecer respostas a perguntas que não foram feitas?

Em princípio, o teólogo, preocupa-se com o que as pessoas pensam, tanto na sociedade secularizada quanto entre os cristãos. Ele quer ouvir mesmo que não seja ele quem vai ditar o *tom* a ser seguido. Ele permite evoluções. As comunidades cristãs saberão lhe indicar como fazer essas mudanças. O exegeta ou teólogo *expert* pode estar um tanto preso em seus livros antigos e precisa ser lembrado de coisas concretas pela comunidade, que poderá indicar onde estão os verdadeiros problemas e dar início à circulação. Assim, a Igreja entrará no debate que corre pelo mundo, entrará em debate com ele por meio de seus fiéis que nele vivem e falam sua linguagem. E é isto que lhe permitirá colocar-se a serviço do mundo e prestar um verdadeiro serviço humanitário. Só assim conservará seu lugar na história; caso contrário, sobreviverá apenas na condição de seita.

A Igreja vai encontrar muita dificuldade de entrar em diálogo com um mundo em que a própria ideia de Deus já não faz sentido, já não encontra eco. Como lidar com essa situação?

A questão já foi levantada, e creio ter respondido que o nome de Deus só faz sentido para nós cristãos quando o buscamos, isto é, quando oferece dúvidas, mesmo que seja na oração. Ou ainda, Deus começa a fazer sentido quando questionamos o sentido, o significado da existência, da vida, da humanidade, da história. Talvez a questão de Deus e a questão do sentido sejam a mesma coisa. Trata-se de um questionamento que geralmente fazemos a nós mesmos diante de um infortúnio ou diante da morte, quando nossos sonhos desmoronam, ou quando vemos ruir instituições fortes às quais a história deu origem, como a Igreja de hoje, ou ainda quando as gerações mais jovens inventam uma vida ao inverso daquela que foi a nossa. Olhe para Jó: quando se abatem os infortúnios sobre ele, nada mais faz sentido para ele, e tenta inclusive abrir um processo contra Deus, repreende-o, o que significa que o próprio nome de Deus perdeu sentido para ele, mesmo que não o negue. Hoje em dia, sob circunstâncias semelhantes, os incrédulos começam a blasfemar contra Deus, que é o mesmo que dar-lhe a existência sob o modo de negá-lo. Estar seriamente procurando por sentido é uma maneira autêntica de buscar a Deus.

Atenção: eu disse "seriamente" e pressupondo que o sentido verdadeiro e definitivo é Deus. Mas pode-se colocar a *questão* do sentido sem realmente o estar *procurando* e sem ir até o fim da busca, que exige interrogar a si mesmo, sem o que ainda se estaria longe de buscar a Deus. Do mesmo modo, realmente colocaremos verdadeiramente a questão de Deus se essa questão não nos levar a uma busca de sentido que possa abalar os fundamentos da nossa existência. Temos de admitir também que a busca por Deus permanece ociosa se não levar a questionar aqueles que testemunham tê-lo encontrado, e a questionar a história que afirma ter resguardado os traços de sua revelação.

Mas o rosto de Deus aparece obviamente na Bíblia? Será que ele tem o mesmo sentido na velha Aliança que na nova Aliança? E como posso comunicá-lo?

No mundo pagão da Antiguidade, os deuses eram vistos como seres todo-poderosos quando traziam vitória a seu povo contra seus inimigos, o que não impedia o povo derrotado de continuar a acreditar em seu deus: tendo-se identificado com ele, não podia renegá-lo sem renegar a si mesmo – uma contrapartida da questão do sentido. Nas primeiras épocas do Antigo Testamento, Deus era o mestre soberano que punia os ímpios e cumulava os justos de bens; mas logo essa ideia já não funcionava, e os profetas começaram a dirigir o olhar do povo para o futuro, para a vinda de Deus. No Novo Testamento, Deus colocou em questão a si mesmo, revelando-se num homem crucificado, e o cristão deve passar por esse autoquestionamento para reconhecê-lo na verdade que Ele estabeleceu na história. E ele nunca deixará de ser questionado: é isso que Paulo aponta, como eu já disse, no escândalo da cruz.

Então, como passamos adiante um sentido do qual estamos tão pouco seguros? Atrevo-me a responder com um novo paradoxo: se nós mesmos, crentes, somente estamos bem seguros da verdade de Deus quando nos colocamos, agora e sempre, em sua busca, então o melhor modo de comunicar o sentido de Deus aos que se dizem não crentes será iniciá-los nessa busca de sentido. Não devemos sobrecarregá-los com demonstrações das quais não temos convicção real, nem com certezas que estão longe de ser pacíficas para nós; antes, será preciso deixar a descoberto as questões que nós próprios nos colocamos, ou melhor, que se nos impõem, não pretendendo dar respostas às suas questões, mas mostrando-lhes como a fé em Jesus nos mantém nas pegadas de Deus. Não há ser humano que acredite em alguém ou algo, para quem ou para o que ele eventualmente não sacrificaria sua vida. No ponto de chegada da crença, no ponto derradeiro de sua busca infinita, existe aquele ou o que a desperta, Deus.

O infortúnio é este: será que uma sociedade cada vez mais fechada ao sentido de Deus poderá manter a preocupação e a busca pelo sentido por muito tempo? A busca pelo sentido pressupõe uma inteligência aberta num certo horizonte de transcendência, deixando a palavra "transcendência" o mais indefinido possível. Uma transcendência que se impõe ao homem enquanto homem. Se não, será possível definir o ser humano em si apenas pela satisfação de suas necessidades temporais? A ciência substituirá Deus? Qual ciência? Há muito tempo que a ciência e a fé caminham juntas. A ciência primitiva do universo que abalou a verdade bíblica permaneceu ligada à fé cristã e não procurou substituí-la. Mas então, chegou um tempo, no século XVIII, escreveu um historiador dessa época, em que os homens se afastaram dos "fins últimos e sobrenaturais" para cuidar cada vez mais exclusivamente dos fins temporais e naturais. As preocupações materiais acabarão por extirpar do ser humano qualquer sentido de transcendência e então o que será da humanidade? Essa questão é tão séria para mim como a questão sobre o futuro da Igreja, e a meu ver a possibilidade de um futuro da humanidade totalmente desligada da busca de um sentido de transcendência tem o mesmo peso que a radicalidade da questão de Deus.

O que significa isso?

Já tentei explicar isso, mas não tenho a pretensão de definir a palavra "Deus", pela simples razão de que ela é indefinível. Muitos teólogos escreveram que se pode dizer com certa razoabilidade que Deus existe, mas não se pode dizer o que ele é, pois não podemos conhecer qual é sua natureza. Todos aqueles que se interrogam sobre Deus (Ele existe? quem é ele? o que ele é? para que serve? o que temos a ver com ele? etc.) têm seguramente uma certa ideia de Deus em mente, caso contrário não questionariam sobre ele ou sua questão não faria sentido. A palavra *Deus* existe em todas as línguas. Quem a inventou? Ninguém pode dizer. As primeiras pessoas a quem os gregos chamaram de "teólogos" também eram chamadas de "mitólogos", pessoas que recolheram os antigos "mitos" transmitidos pelos antepassados desde tempos imemoriais. Nas línguas mais antigas do mundo, Deus é um nome comum dado às divindades nacionais que gozam de um nome pessoal: Zeus para os gregos, Marduk para os babilônios, Javé para os hebreus etc. Jesus deu a Javé um nome pessoal que é o mais comum entre os homens, mas o mais personificado de todos, o de Pai. Portanto, não censurem os teólogos por usar essa palavra a toda hora, sem que ninguém perceba de que se trata.

Deus é o que está além de tudo o que existe de maior, de mais poderoso, de mais formidável, de mais respeitável, de melhor, de mais digno de amor, de mais desejável, e por isso é também fonte de todo o poder, de todo o respeito, de todo o amor; é e está além de toda transcendência, é o que está escondido em tudo que transcende o possível e desejável, em tudo que excede nossas possibilidades e desejos. É por isso que expressei o medo de que a perda de Deus levaria ao desaparecimento de qualquer sentido de transcendência.

Para o senhor, não seria possível haver um horizonte ou uma transcendência sem referência a Deus?

Um horizonte infinito, por exemplo o respeito ilimitado da pessoa humana, uma transcendência absoluta que poderia impor-me o sacrifício de minha vida, sim, receio que isso não seja possível se Deus desaparecesse completamente da paisagem que nos é familiar. Mas talvez não esteja me expressando corretamente. Não quero dizer que ninguém seja capaz de respeitar incondicionalmente seu próximo, ou de morrer pelas causas mais nobres, se ele não tem o pensamento de Deus. Quero apenas dizer que o sentido da transcendência que inspira as mais elevadas obrigações morais aos homens, o sentido da dignidade humana, o respeito pelos valores, os sacrifícios mais difíceis, corre o risco de desaparecer, se o nome de Deus perder sentido e presença no pensamento e na fala dos homens.

Eis por que desejo que haja sempre crentes e cristãos para manter em toda a humanidade o sentido da transcendência, pois é a fé em Deus que alimenta nos seres humanos a ideia de infinito e de absoluto, sem a qual o senso do transcendente perde seu vigor e a busca do sentido acaba por desaparecer. Para isso, não é necessário que todos os homens creiam em Deus, mas que possam ser confrontados, quando necessário, com o surgimento neles de um apelo à transcendência, graças à presença de crentes e cristãos que continuam a difundir a ideia do infinito e do absoluto nos círculos de comunicação interpessoal. É comum ver como as ideias de justiça, de direitos humanos, de dignidade da natureza humana, de solidariedade etc. podem ser limitadas e degradadas, quando a principal preocupação se resume a defender-se uns dos outros para garantir maior segurança e maiores lucros individuais.

Há realmente necessidade de uma noção de transcendência ou mais precisamente de Deus para promover esses valores, esses debates?

Não, se você permanecer no âmbito do particular, do circunstancial e do quantitativo, por exemplo se você calcular os recursos necessários para uma aposentadoria decente para os trabalhadores idosos, tendo em conta a duração e a dificuldade de seu trabalho, ou quando os representantes eleitos de uma nação debatem para ver se o país é suficientemente rico para proporcionar cobertura universal de saúde. Mas se raciocinar em termos de justiça, solidariedade e dignidade da pessoa humana, você se defronta com princípios que são anunciados como imperativos absolutos e universais, à ideia de Homem que se apresenta como um fim em si mesmo, e aqui se experimenta um sentido de transcendência que não pode ser limitado deliberadamente sem negar implicitamente aquilo que é a essência do ser humano. Portanto, não pressuponho sem mais que você pessoalmente deva ter a ideia de Deus para respeitar esta transcendência; eu só digo que essa ideia deve estar presente em algum lugar no ar que você respira, na tradição que o sustenta, na sociedade que frequenta, para que essa transcendência seja respeitada em toda a sua força, sem impedimentos, e para que ela possa ser mantida na mente das pessoas e transmitida às gerações futuras. E, para que isso ocorra, deve haver crentes e cristãos em algum lugar no entorno que testemunhem a fé em Deus e reavivem sua presença suprema no diálogo infinito pelo qual os homens se comunicam entre si ao longo do tempo e do espaço.

Não me atenho a essa linguagem apenas porque sou um crente e um cristão. Mantenho-a por uma razão mais objetiva e factual: porque os homens sempre acreditaram em Deus em toda parte, desde as origens da humanidade até os tempos modernos. Mesmo desagradando aos ateus militantes, deve-se afirmar que foi orando a Deus que se educou a humanidade, que se construiu a ideia de homem. Se eles objetarem que a humanidade acabará por se livrar de uma ideia de Deus que ela mesma formou, e que isso não implica melhora nem piora, esse fato não passa de uma hipótese que poderá ser verificada no futuro, mas que não se baseia em nenhum fato, e que os experimentos históricos das sociedades sem Deus e o progresso da incredulidade em nossas sociedades ocidentais estão longe de se confirmar; por outro lado, meu medo de uma degradação da humanidade, isto é, de uma perda de transcendência em virtude do desaparecimento da ideia de Deus, baseia-se na realidade da história que nos precedeu. Admito de bom grado que recebo muitas objeções afirmando que as religiões, tanto as do presente como as do passado, as cristãs como as demais, causaram muitos males aos homens, provocaram guerras cruéis e que não professam respeito perfeito ao ser humano em todos os aspectos. Mas lembro que não confundo a fé com a religião; sei que a fé precisa se expressar numa religião, mas é a fé que faz a religião viver, não o contrário, assim como demonstra o declínio religioso do nosso tempo devido ao colapso das crenças. É por isso que não faço apelo a uma aliança sagrada das religiões do mundo contra o ateísmo. Considero mesmo a possibilidade de seu desaparecimento, não inteiramente, mas nas formas atuais enquanto instituições jurídicas transnacionais que governam um vasto grupo de pessoas, estabelecidas na sociedade como organizações sociais e culturais com direitos públicos, tentando inclusive impor o conjunto de seus princípios a toda a sociedade política e civil, como aconteceu no passado. Isso não deve impedir um diálogo entre as religiões não para um mútuo fortalecimento, mas para retornar às origens de suas respectivas crenças, sem procurar misturá-las, o suficiente para defender uma ideia elevada do ser humano e orientar e apoiar os debates e as lutas das pessoas por um futuro melhor para a humanidade.

Como o senhor compartilharia com nossos contemporâneos essa ideia de Deus?

Não procurarei difundir diretamente a ideia de Deus, mas a ideia de uma humanidade inspirada pela minha fé no Deus que se revela no Evangelho, no Deus amor, no Deus pobre, também no Deus carnal, no Deus encarnado. Minha fé em Deus não é abstrata, não é a mera crença na existência de Deus, é inseparável da minha fé na humanidade, na sua dignidade e no seu futuro, porque me permite acreditar num Deus que chama todos os homens a se congregarem em seu amor, e em última análise em si mesmo na sua vida eterna. Minha ideia de Deus não está separada de seu "projeto" para com os homens, revelado pelo Evangelho, nem meu amor a Deus é separado do meu amor pelos irmãos humanos.

Dito isso, não hesitarei em falar de Jesus e do seu Pai a quem me parecer disposto a isso, mas sempre sob um horizonte do humanismo, e não em termos de teologia abstrata; e conto antes de tudo com a ideia de homem formulada pelo Evangelho, primeiro para reviver e manter o significado e a preocupação pela transcendência entre os homens de hoje, e depois para suscitar neles a questão de Deus.

Em outras palavras, esta ideia de Deus seria mais acessível à sociedade – crentes e não crentes – através de uma narrativa do que através de conteúdos dogmáticos?

Exatamente, por meio dos relatos evangélicos, que mostram como Jesus convivia com todos os tipos de pessoas e se ocupava com elas, falava-lhes de suas vidas concretas e de suas preocupações quotidianas muitas vezes com "parábolas", ou seja, contando-lhes histórias muito próximas do que estavam vivendo, com quais palavras ele falou dos problemas da sociedade de seu tempo, quais os conselhos de vida deu a eles, quais foram suas relações com as autoridades políticas e religiosas, com as diferentes classes da sociedade, com os doentes e os excluídos. Por exemplo, as refeições de Jesus com os "pecadores" do seu tempo, que eram categorias sociais de pessoas excluídas da comunidade religiosa porque não praticavam as leis e a moral, contêm ensinamentos muito fortes sobre a religião e a sociedade. De modo geral, Jesus não tinha palavras abstratas sobre Deus, relacionava de bom grado o amor e o serviço de Deus à assistência fraterna, ao perdão das ofensas, ao dom gratuito, à partilha, e é assim que seus ensinamentos são carregados de verdadeiro humanismo.

É também por isso que os cristãos comunicam aos outros seu sentido de transcendência e de Deus mediante o testemunho de sua vida e da sua assistência àqueles que necessitam, mais do que por meio de belos discursos. Por exemplo, quando vejo cristãos devotarem seu tempo livre à alfabetização de crianças do Magrebe e da África, ou a organizações sociais que ajudam as famílias recém-imigradas a integrar-se na vida da cidade, e isso sem fazer propaganda religiosa e precisar ostentar-se como cristãos, penso que testemunham a Deus tanto quanto o teólogo com seus discursos eruditos.

Esse ensinamento evangélico está em total contradição com a visão atual do homem, considerado um "homo oeconomicus", impulsionado unicamente pela ganância do ganho!

Certamente. Em nossos dias isso nos obrigaria, a nós cristãos, a refletir sobre aquilo que chamamos de neoliberalismo, que não pode constituir a base de uma sociedade verdadeiramente digna do ser humano. O Magistério da Igreja interveio muitas vezes no campo social, econômico ou político; contudo, é difícil pronunciar-se solenemente sobre questões que exigem elevada capacidade técnica e em que se é facilmente acusado de falta de competência. É da responsabilidade dos cristãos criar uma corrente de opinião para denunciar os abusos que causam tanta miséria a tantas pessoas.

O liberalismo político surgiu da experiência de que uma sociedade baseada na religião é violenta – as guerras das religiões no Ocidente são um testemunho disso. Mas a sociedade liberal, junto com os religiosos, esvaziaram a forte visão antropológica que interligava os homens; ela se baseia agora apenas numa visão muito pessimista do ser humano, baseada no egoísmo, na competição, numa nova guerra de todos contra todos...

Não concluirei que a religião deva ser restaurada porque seu desaparecimento prejudica a sociedade. Pode-se pensar nisso, não em a tornar um credo. O desejo de restabelecer o poder à religião seria perigoso no contexto de nossas sociedades multirreligiosas, porque veríamos rapidamente reaparecerem as discussões de que você acaba de falar. Que seja necessário permitir sempre a liberdade de expressão à religião, isso é verdade; o Vaticano II reconheceu-o e deu um grande passo para a aceitação da modernidade pelo catolicismo. O remédio seria mudar o espírito da sociedade; mas não está claro se isso é função das religiões enquanto instituições demasiado tentadas a usar a autoridade.

Por isso, retomo o que estávamos dizendo há pouco: cabe aos cristãos enfrentar essa tarefa por meio do Evangelho, que é uma escola de humanidade, um código de humanismo, e que pode ser mais bem compreendido e apresentado não estando ligado a nenhum código religioso. De fato, Jesus não procurou fundar uma religião; anunciou o Reino de Deus, um regime de justiça, de paz e de amor, ao qual os homens acedem reconciliando-se uns com os outros e tornando-se servos uns dos outros. A religião cristã não tomou o lugar deste Reino, a prova é que os cristãos do século II apresentavam o cristianismo aos pagãos, numa época em que ainda não tinha um grau nem uma figura plena de religião estabelecida, como uma "escola de filosofia", a "filosofia do Logos (da razão divina)". Naturalmente, o nome de Deus é encontrado em cada página do Evangelho; mas se a gente o pronuncia ou se a gente se cala sobre ele, isso não muda em nada a situação: o Evangelho não dá preceitos da religião, ensina os homens a viver como homens.

Alguns filósofos ateístas contemporâneos lançaram a ideia de uma espiritualidade sem Deus. A intenção é excelente, e a iniciativa não deve ser rejeitada *a priori*. No entanto, isso não irá impedir o cristão de procurar sua própria espiritualidade no Evangelho, mesmo que ele não pretenda colocar o nome de Deus em primeiro lugar. Porque o Evangelho é a fonte de toda espiritualidade ocidental. Um historiador do século XVII, Jacques Le Brun, demonstrou o parentesco da moralidade kantiana da "vontade pura" com a doutrina fenelônica do "puro amor" (de Deus) que inspirou os místicos da época; os filósofos dos dois séculos seguintes não hesitaram em reivindicar o espírito do Evangelho; um contemporâneo, Maurice Merleau-Ponty, um agnóstico declarado, defendeu a plena legitimidade da "filosofia cristã" e a importância da doutrina cristã da encarnação na filosofia ocidental. O cristão, portanto, está bem situado para renovar o espírito ocidental no espírito evangélico, sem fazer proselitismo religioso, não esquecendo que João, o Evangelista, deu a Deus o nome de amor, e a Jesus, seu Filho, um nome da filosofia de sua época, o de Logos (Verbo), isto é, razão ou sabedoria.

Será que tal afirmação não nos aproxima da ideia de uma "religião da humanidade", na qual todos os homens e mulheres de boa vontade possam comunicar-se?

É claro que sim, mas por que usar a palavra "religião"? E não se esqueça dos avatares da religião de Saint-Simon ou daquela do culto ao Ser Supremo em pleno terror da Revolução Francesa! Não faça da humanidade um ídolo; ela deve ser honrada e servida, não adorada. É aqui que a ideia de Deus serve de contraponto benfazejo para tantas teorias que conseguem degradar ou destruir o ser humano a pretexto de libertá-lo das fantasias da religião.

Como pode ser que a concepção que o senhor descreve seja tão pouco presente e tão pouco audível em nossa sociedade?

Sem dúvida, porque a religião cristã quis dominar demais a sociedade, impor-lhe muitos preceitos de piedade e moralidade, e tem-se centrado tão e exclusivamente nos fins eternos do homem, e muito pouco em seus fins temporais e terrenos (com os quais também se ocupou). Não direi que ela rompeu com o Evangelho, com o espírito de Deus-amor; foi somente o religioso que se sobrepôs certamente ao evangélico, e o evangélico se afastou muito do homem, do humano. Jesus prega uma religião enquanto sua doutrina se dirige a Deus, mas que não está incorporada em práticas religiosas ou sagradas, como proibições alimentares, mas em determinado comportamento humano de justiça, de verdade – pois se deve a verdade também aos outros –, de caridade. É por isso que o Evangelho deu origem a muitas congregações religiosas, que surgiram para prestar um serviço bem concreto aos homens.

Uma questão bem pessoal: qual a vantagem de permanecer na Igreja católica quando se escolheu, como em meu caso, ser cristão em um dado momento, mas se percebe que este espaço, esta instituição não é mais muito propícia aos projetos que o senhor acabou de descrever?

Tenho muitos amigos que me fazem esta pergunta e respondo-lhes: "Se possível, resista e não saia para tentar mudar as coisas".

Mas como?

Fazendo com que as comunidades não sejam pautadas apenas pela adesão, mas também pela contestação, recordando que linguisticamente "contestação" tem parentesco com "atestação". Contesta-se a autoridade para atestar o Evangelho. Que os cristãos não possam mais viver na instituição, eu entendo, mas se estiverem sozinhos não podem fazer muito. Sonho com as comunidades cristãs para onde poderiam advir outros crentes, mas também pessoas que não têm fé, e que dizem: "*O que podemos fazer juntos? Há coisas que gostaríamos de suprimir ou corrigir ou que gostaríamos de inventar?*"; quem refletiria sobre tudo isto e decidiria o que fazer. É assim que o espírito do Evangelho pode ser expandido. Frequentemente, encontro-me com amigos a quem digo: "*Crie grupos, comunidades; evite rupturas ruidosas que não levam a nada; se possível, até mantenha contatos com a instituição e forme Igreja de forma diferente; e, então, verá o que acontece*". Há avanços que podem ser feitos dentro da Igreja. Ontem recebi um fascículo sobre a comunidade de Saint Luc, de Marselha, que continua ligada à instituição diocesana e paroquial, sendo ainda demasiadamente clerical a meu gosto, mas que permitiu-lhe criar algo de novo em seu espaço, sem ruptura. Mesmo sem transformá-la em paradigma, talvez possamos inspirar-nos em seu exemplo, e há muitos outros deste tipo, como os grupos "chrétiens en liberté" (cristãos em liberdade), "réseaux du Parvis" (redes do Parvis), que você conhece. É em grupo que podemos fazer coisas importantes, e é difícil para um cristão viver isoladamente, especialmente quando pensamos que o cristianismo é uma religião encarnada e comunitária, e não uma filosofia pura. Você não mudará o mundo permanecendo sozinho em um canto, e, uma vez que você queira viver como cristão, também deve pensar em como mudar a Igreja permanecendo ligado a ela.

Segundo dia

DA FÉ EM CRISTO AOS DOGMAS DA IGREJA

Uma fé rompida?
O Velho e o Novo Testamento
Bíblia: Leitura a partir da fé e leitura crítica
Um mundo secularizado
Europa: "Raízes" cristãs?
A questão do mal
Uma igreja servil ao dogma?

O que significa acreditar em Jesus para o cristão europeu do século XXI?

Será preciso questionar-nos em que essa realidade seria diferente da do passado. Por que razão perguntar de novo hoje, quando essa questão já foi respondida muitas vezes no passado? Se você me permite a expressão, a realidade é que estamos percebendo que o crer "está dando o fora". E a questão da justiça emerge nesse cenário, pois "crer no outro" também está em vias de desaparecer. Para mim, há solidariedade entre estes dois modos de crer: enquanto cremos no Deus de Jesus Cristo, nos sentiremos obrigados a crer no outro, no pobre com quem nos deparamos etc. Se se perder a fé no Deus de Jesus Cristo, não digo que se perde automaticamente a fé no outro, mas torna-se muito difícil crer nele. Por quê? Porque o outro me incomoda, busca me matar, toma meu lugar, atrapalha minha comodidade... Se pudesse dispor de uma boa refeição e depois um bom charuto, você não iria gostar de ver na porta do restaurante uma pessoa pobre postada e lhe estendendo a mão. Ele o incomoda! E nós acabamos tentando calar tudo aquilo que nos incomoda. Eu creio que esta é a verdade do Deus de Jesus – que Michel de Certeau pressentia com muita clareza: Jesus se eclipsa ali, nos pobres.

Eu relaciono essa crise do crer com a crise da ciência europeia que Husserl indicou; ele percebeu que o pensamento ocidental do século XX estava em vias de perder de vista o aspecto infinito do espírito. Para ele, o pensamento grego representou esse polo infinito. Mas será que isso é suficiente? O pensamento grego estava repleto de deuses. Havia o deus dos filósofos, mas não só ele. Sócrates acreditava no único Deus e não queria adorar os deuses da cidade. Havia um estreito conluio entre a ideia de Deus e a cidade, o que levou à legitimação da razão de Estado. Os juízes condenaram Sócrates à morte. Nesse contexto, me parece ouvir a queixa de Antígone, que mantém uma atualidade grande e permanente: os homens serão vítimas de um destino fixado pelos deuses? A razão de estado tem precedência sobre os direitos individuais?

O cristianismo – o cristianismo nascente – explodiu a religião da sociedade, e isso por uma boa razão, de alguma forma ele nasceu sem *lugar*: nasceu dentro do judaísmo, mas apenas se tornou verdadeiramente cristianismo exilando-se do judaísmo – o cristianismo não somente se exilou, também foi expulso...

...deixando assim de ser a religião de uma determinada sociedade?

Isso ele já não era, mas rapidamente voltou a se *alojar* ali. Há uma ligação essencial entre religião e sociedade, e é isso que por volta de 1900 a Escola Francesa de Sociologia viu muito bem. Exceto que ela acreditava que a religião era um produto da sociedade: mas a questão é bem mais complicada que isso. Os primeiros traços escritos que temos de uma humanidade pensadora são de uma humanidade que crê em deuses. E continuamos a crer munidos com essa fé! Então, pode-se separar dela, dizer que nossa fé cristã é um produto dessa fé atávica que transferimos para Jesus ou para Javé... Com certeza fica mais difícil de crer; a religião está se retirando da sociedade, isso é um fenômeno indubitável. Mas o que permanecerá da sociedade? Ou então será a sociedade que devorará o homem, como vemos agora a instituição do capital devorando os indivíduos...?

O senhor afirma que crer – pelo menos uma certa maneira de crer – está desaparecendo, mas durante nossa primeira entrevista o senhor nos falava logo de cara sobre a ascensão dos fundamentalistas, por um lado, e dos carismáticos, por outro...

Não vejo o interesse de voltar a abordar esta questão. A propagação desses dois movimentos, que são tão diferentes, não preencheu o vazio de nossas igrejas, apenas indica a desordem e desintegração das populações que anteriormente as frequentavam.

Entre esses dois grupos existe forçosamente um *resto* – um resto que poderíamos caracterizar, para permanecer ainda no campo das generalidades, como crentes que tentam conciliar a tradição com a modernidade. Os crentes que evoluem, se você quiser, ou, como às vezes são chamados, progressistas. Na Igreja católica, esse é basicamente o grupo que continuamos a ver em nossas igrejas e que foi formado pelo espírito do Vaticano II, ainda dominante até um tempo relativamente recente. É provável que vejamos ainda outros desdobramentos disso, não sei muito bem em que direção... Trata-se, portanto, de uma busca de evolução, que na Igreja católica não significa uma ruptura com a hierarquia, mas um distanciamento em relação a ela, uma atitude muitas vezes contestatária. Por exemplo, fala-se muito, mesmo entre o público paroquial, sobre os ensinamentos ou até mesmo a crispação da hierarquia a respeito de problemas morais em torno da origem ou do fim da vida. Também nesses pontos, o espírito da modernidade penetrou na mente dos fiéis e minou a autoridade da Tradição.

Vamos conversar um pouco mais sobre o fundamentalismo. Para o teólogo que o senhor é, é errado estar "apoiado em uma lei escrita"? Como isso pode ser considerado desvio da religiosidade?

Quando um crente, judeu, cristão ou muçulmano, denuncia o fundamentalismo, isso significa que já entrou numa fase de secularização, quero dizer que ele submete a leitura de suas Escrituras ao *livre exame* de sua *razão crítica*. Por outro lado, tomar essas Escrituras ao pé da letra pode muito bem fazer parte da religião e até mesmo constituir-se num sentimento *normal!* Se creio que todo o conjunto do Velho Testamento é *revelação*, por que eu deveria procurar se esse ponto particular é ou não revelação, e dizer: "isto eu excluo"? Porque tenho uma mentalidade secularizada, porque uso meu conhecimento científico em minha fé – não tenho dois tipos de razão! – digo, por exemplo: "Não, não é em seis dias que Deus criou", pois eu aceito a teoria da evolução! Raciocino, assim, com a minha ciência; uma reflexão secularizada entra em minha leitura da Bíblia.

"Desvio da religiosidade"?... Gostaria antes de dizer aos fundamentalistas: esta ideia que vocês querem manter da criação acaba os afastando da inteligência atual e da sociedade atual. Basicamente todos os espíritos formados agora pela ciência admitem a teoria de Darwin! Você nos prepara uma religião sectária; para poder segui-lo, nunca haverá mais que um punhado de pessoas para lançar o anátema sobre as ciências modernas! É neste sentido que diria que o fundamentalismo constitui um perigo para a própria fé. Porque se essa era a ideia da criação, eu não poderia aderir a ela!

Portanto, não é possível tomar a Bíblia *ao pé da letra* sem risco significativo...

Absolutamente! Na Bíblia há o fenômeno muito curioso do profetismo, sobre o qual devemos refletir. Os profetas (pelo menos o profeta judeu, pois o profetismo é um mundo!) não são apenas pessoas da religião, mesmo se são sacerdotes: nós os vemos denunciando sacrifícios, pelo menos o modo de fazê-los. Eles intervêm, interpelam o povo, os reis, os ameaçam. Lembram que é mais importante dar de comer aos pobres do que oferecer sacrifícios a Deus: o que você quer que ele faça com isso, Deus? O profeta sente-se chamado: tem uma vocação. Ele pratica a religião do seu povo, mas não tranca ali a ideia de Deus.

É nesse ponto que aparece um fenômeno de revelação: "Eis o que Deus me mandou proclamar!" Deus? Ele não ouviu Deus falar com ele em hebraico, ouviu? Mas no interior de si mesmo, a fé que ele tem em

Deus o faz dizer: "Isto é o que Deus está me dizendo". E essa palavra foi ouvida. O profetismo – o pensamento dos profetas – segue um curso um pouco à parte da religião judaica, apesar de exercer influência sobre ela; creio que posso afirmar isso, mesmo não sendo um historiador do Antigo Testamento: sob sua influência, o povo de Israel tornar-se-á monoteísta e fará de Javé, seu pequeno Deus nacional, o Deus Todo-Poderoso que criou o céu e a terra.

No entanto, o profetismo se extinguiu por volta do século V, e então vemos surgir a espera de um *Reino de Deus*. Mesmo que a palavra "reino" não seja evidente por si mesma, as promessas de Deus feitas ou recordadas no passado são passadas adiante na história como se fossem desconectadas da religião: inspirados pela leitura dos profetas, os crentes já não confiam tanto nas instituições religiosas, já não esperam a salvação somente do funcionamento do culto, e transferem sua esperança para o futuro; esperam por algo que está por vir. Assim, no tempo de Jesus os judeus são vistos pedindo a João Batista a purificação de seus pecados, em vez de irem ao Templo; e o próprio Jesus, sem dúvida impulsionado pelo espírito dos profetas, será acusado de interromper os sacrifícios ao derrubar as mesas dos vendilhões e expulsar os animais da entrada do Templo! Ele opera, então, não uma ruptura com sua religião, mas *um hiato*, como diria Michel de Certeau, ele se *marginaliza*, como dizia um exegeta americano contemporâneo, J. P. Meier. Esse hiato é que irá permitir a instauração do cristianismo, antes de se transformar em ruptura a partir do final século I.

Uma palavra profética, portanto, ocupa o centro da revelação e não se *confunde* com o sistema do direito ou da religião. Mais tarde, o cristianismo, separado da lei judaica, irá colocar-se sob a proteção do Império Romano, convertido à nova fé, ganhando em universalidade, como defendeu Paul Veyne; ele irá se estender em toda a dimensão da cultura europeia. Abandonada por ela agora, a fé cristã encontra-se restrita à instituição religiosa. É nesse ponto que os cristãos devem perguntar-se: "A religião será a *essência* do cristianismo?" – e voltar ao espírito dos profetas – também reivindicado pela teologia da libertação na América Latina – naquilo a que chamo de *humanismo evangélico*.

Quanto ao movimento carismático e seu crescimento bastante impressionante nos dias de hoje, será apenas uma sensibilidade religiosa particular ou estará em jogo ali algo mais – talvez o fato de agarrar-se a uma religião que tende a esvaziar toda e qualquer razão para manter apenas o sentimento, a efusividade?

Dentro da Igreja católica, me parece que esse movimento não é tão *revolucionário*, mas denota o sentimento *de insatisfação* de muitos cristãos com o culto oficial e a necessidade de *humanizá-lo*. Considerado fora desta instituição e em suas generalidades (porque o pentecostalismo é uma vasta constelação!), o fenômeno das "efervescências religiosas", objeto de análise sob este mesmo título há alguns anos pela revista *Esprit*, esvazia as igrejas estabelecidas de seus fiéis: é uma saída do sentimento religioso para *fora de um quadro institucional*. Desenvolve-se preferentemente junto aos pobres, aos excluídos, às populações marginalizadas, pois a religiosidade os consola em seu estado da miséria, às vezes fornecendo-lhes assistência social básica, mas às vezes também apenas sonhos de prosperidade. Nesses casos, então, a religiosidade mostra verdadeiramente seu rosto alienante, porque não fornece soluções ao verdadeiro estado de miséria. Ela arrasta os pobres para uma instituição eclesiástica que se contenta em consolá-los, mas nada faz além de ir *alternando* as consolações. Suponhamos que ela preconize também certa mútua-assistência, isso é bom, é verdade, mas acaba criando mais ilusões, à medida que afasta as pessoas dos verdadeiros problemas da transformação da sociedade.

Uma válvula de escape, portanto, em vez de um convite para a libertação?

Oh sim! E isso é bem diferente da teologia da libertação, que instruiu e fortaleceu os fiéis para que cuidem de seus problemas. Mas, combatida pela hierarquia católica (apesar de alguns abrandamentos tardios), viu seus membros deixarem-na, procurando ajuda ilusória nas seitas evangélicas. Com efeito, a teologia da libertação baseava-se nos círculos bíblicos, nos quais não só dava esperança aos pobres, como também denunciava os males da sociedade e encorajava para a ação social e política. Convocava-se à insurreição, se podemos dizer assim, mas dentro de certos limites.

Uma insurreição das consciências?

Antes, uma *tomada* de consciência e de responsabilidade. Roma viu ali apenas marxismo, um apelo à revolução, denunciado como tal pelos poderes políticos em vigor, que se queixaram aos bispos, e a instituição religiosa cedeu e se apressou em socorrer a instituição política. As seitas, inversamente, estão manipulando o sentimento religioso, o que dificilmente incomoda os poderosos de plantão.

O senhor dizia na primeira entrevista: "Entre os católicos, muitos jovens que não participam da missa insistem em dizer-se cristãos, outros vão pedir para serem sepultados na igreja... Ali, nada mais vemos que a relação com uma tradição que talvez se tenha tornado para eles uma tradição sociológica, familiar e cultural". Para muitos, isso não será também um terreno fértil no qual cultivam valores morais, espirituais e cristãos, sem se sentirem comprometidos pelas posições oficiais de qualquer grupo religioso ou Igreja particular?

É claro, mas isto não deve esconder uma grande desordem no plano dos valores morais. Como sabem, os discursos da Igreja sobre assuntos sexuais hoje são bastante desacreditados, e não está claro que todos os cristãos mantenham regras morais claras e seguras. Mas concordo que, se questionarem com seriedade, eles serão capazes de encontrar no Evangelho os valores *éticos* de que necessitam; não digo respostas prontas às questões concretas que propõem aos problemas da sociedade em seu entorno, mas princípios que os ajudem a refletir e buscar soluções.

Infelizmente, a preocupação de refletir sobre o Evangelho nem sempre caminha em paralelo com a preocupação de recorrer aos sacramentos e ao apoio da Igreja, nem inversamente a necessidade de um ritual junto com a necessidade do Evangelho. De um lado ou de outro, há o risco de grande defasagem: pode-se agarrar aos ritos e deixar escapar o pensamento do Evangelho, como se pode estar interessado no Evangelho e não encontrar nenhum interesse na vida em Igreja. É por isso que vejo o futuro da Igreja em pequenas comunidades, nas quais haveria cristãos e não cristãos que juntos refletiriam sobre seus problemas lendo o Evangelho, e assim aprenderiam ou reaprenderiam a viver-em-comunidade junto com Jesus, o que já poderia ser considerado vida na Igreja. Penso que a Igreja terá novo reinício assim, abrindo-se à sociedade em vez de se fechar em si mesma.

Será que se poderia fazer um paralelo com a vida da Igreja primitiva, ou estamos avançando demais?

Não... Não há dúvida de que a história não volta atrás, por isso não reviveremos exatamente as comunidades cristãs do passado, o contexto social é muito diferente! No entanto, como nasceu o Evangelho? Em grupos de pessoas, de *discípulos*, reunidos ao redor de Jesus. Assim, pode-se pensar que a Igreja se revitalizará somente a partir de grupos de discípulos. Essa era a ideia que defendia já há muito tempo Marcel Legaut, um verdadeiro visionário a esse respeito, e é um pouco a ideia que inspirou algumas comunidades de base na França, e da mesma forma na América Latina: os problemas da sociedade não são os mesmos, mas a inspiração é bastante parecida.

Em outras palavras, a Igreja que sente estar decaindo enquanto religião é a primeira interessada em lembrar que não é apenas uma religião, mas também – *e primordialmente* – Evangelho. E, na minha opinião, é só a partir do Evangelho que ela poderá reviver, *mesmo* como uma religião, mas de modo diverso do que o é atualmente, ou de como foi no passado.

O senhor salientava a importância dos Evangelhos e, portanto, do Novo Testamento para o cristão. Qual é o interesse do Antigo Testamento?

Para nós cristãos, a Bíblia representa antes de tudo a memória de Jesus: é a ela que Jesus se referia, era nela que ele lia com antecedência seu destino. Ela é também a memória dos apóstolos e dos evangelistas, que entenderam e pregaram a verdade de Jesus à luz do Antigo Testamento, o qual devemos conhecer bem para entender o que ele diz sobre Jesus. Hoje, o conhecimento do Antigo Testamento está mudando. Não deixou de ser questionado desde o início da exegese científica, por exemplo, já desde o século XVI, mas ainda mais desde as escavações arqueológicas do século passado, desde a descoberta e o deciframento de inscrições, anais, bibliotecas, manuscritos, monumentos e todas as ruínas das antigas civilizações egípcia, mesopotâmica, judaica... Livros muito recentes têm questionado todo o conjunto da historiografia bíblica, e há autores muito sérios falando abertamente da *invenção* da Bíblia, e mesmo daquela do povo judeu[1]. O Antigo Testamento, portanto, é um canteiro de questões abertas para o historiador, o exegeta e o teólogo. É necessário ter um bom conhecimento da sua história e da sua escrita para a compreensão do seu pensamento religioso, da sua lei, do seu culto e, com mais razão ainda, da sua revelação.

O que significa isso?

Sabemos agora que todo o Pentateuco foi inventado nos séculos VI-V antes da nossa era, e toda a história dos Patriarcas, da saída do Egito e da entrada em Canaã estão envoltas em lenda. Para o teólogo, o Antigo Testamento não se apresenta em primeiro lugar como um catálogo de verdades dogmáticas, mas como um vasto conjunto de narrativas de acontecimentos, profecias ligadas à história dos reinos de Israel e de Judá, e preceitos de culto e éticos, cuja proveniência e antiguidade estão agora sendo questionadas. Naturalmente ele se apresenta também como uma religião em que, especialmente nos profetas, se exprime uma doutrina muito bonita sobre Deus, de onde o cristianismo recebeu sua herança, mas cuja prática foi objeto de intensa contestação por parte dos profetas, e isso também permanece altamente instrutivo para os cristãos do nosso tempo. Finalmente, o Antigo Testamento conta uma história de salvação da qual o Novo Testamento reconhece ser a conclusão; mas a historiografia recente

---

1. Cf. especialmente Shlomo Sand, *Comment le peuple juif fut inventé*, Fayard, 2008, traduzido do hebraico (N. do E.).

mostra que Israel nunca conheceu a salvação como era vista por seu passado lendário, a saber, como uma nação protegida de seus inimigos e repleta de benefícios propiciados por seu Deus particular. A teologia cristã terá de levar em conta todas essas descobertas que colocam em causa a inteligência da história da salvação e também a noção de salvação ensinada pela Igreja.

Apesar de tais reservas, por que então a Bíblia continua a ser de sumo interesse para o cristão?

Para o cristão, a Bíblia é a memória de Jesus, sua história, sua *genealogia*, sua religião, e em grande parte a fonte do seu pensamento, da sua missão, da sua ideia de Deus e da sua relação com Deus; no mínimo, ela é o *lugar* de onde surgiu seu vínculo com Deus. O Antigo Testamento é importante porque Jesus se refere a ele; procurou compreender a si mesmo com base nessa "história sagrada", examinando seu destino como se o que tinha acontecido com os profetas *devesse* igualmente acontecer com ele. Ora, o Antigo Testamento mostra que Deus não decidiu de repente cuidar dos homens. A palavra "de repente", *"de súbito"*, é comum nas controvérsias cristãs com o marcionismo, que em meados do século II queria cortar os laços entre o Antigo e o Novo Testamento, como se Deus tivesse vindo revelar-se apenas em Jesus *subitamente*. Não, o Deus de Jesus não é um Deus *novo* que ninguém teria conhecido antes de Jesus se revelar. Isso mostra que a aliança de Deus com a humanidade é antiga, mais antiga do que o próprio Primeiro Testamento. É forçoso, portanto, termos de colocar o Deus dos judeus entre os deuses da Mesopotâmia: ele era *um deles*, mas como se tornou *o único*? O Deus de Jesus identificado com o Deus dos Hebreus não rejeita todos os outros deuses, reduzindo-os a nada; ele toma o seu lugar, mas mostra que já estava em vias de se revelar por meio de todos esses deuses posteriormente considerados falsos, que ele sempre tinha abordado os homens por intermédio de todas essas religiões.

Curiosamente, a nova historiografia bíblica nos diz que Javé, o Deus do povo hebreu, apareceu na história por volta do século X antes da era cristã (ou antes ainda), em meio à multidão de deuses do Oriente Médio, dos quais ele era um dos menores, no qual se acreditava e ao qual se honrava da mesma maneira que os deuses de outros povos; apareceu entre outros deuses antes do retorno do exílio no século VI, quando se deu o triunfo do javismo, isto é, do culto exclusivo de Javé, o único e soberano Deus ensinado pelos profetas. E Javé não só se tornou o maior deles, como permaneceu o único.

Isso mostra que o Deus único, aquele que se manifestou em Jesus num determinado momento e num determinado lugar do universo, se revelou em todos os tempos e em todos os lugares de um modo totalmente diferente do que em Jesus, mediante os deuses do paganismo, não rejeitando nenhum povo por causa de suas crenças equivocadas, e preocupado em ser reconhecido por todos como único Deus, a fim de reunir toda a humanidade na unidade. Eis aí um fator que nos faz refletir sobre civilização: a humanidade teve sua formação na escola de Deus, passando de uma multidão de deuses – um deus nacional, cercado por outros deuses, diferente para cada povo – à fé no único Deus – um só Deus para a única e mesma família humana. Assim, em virtude de seus laços originais com o judaísmo, o cristianismo está em contato com as religiões mais antigas do mundo antigo – o que contribui para ampliar sua visão universalista.

Mas isso não nos permite repatriar Jesus à sua judaicidade, e o cristianismo ao judaísmo, porque o cristão foi libertado da lei pela morte de Jesus, condenado em nome da lei, e essa libertação é o ato fundador do cristianismo, isso o impede de realocar-se sob o regime dos sacrifícios, retornando assim ao estatuto das antigas religiões. Conclui-se, então, que o Antigo Testamento continua sendo a ligação de Jesus com a história dos homens e com a vinda de Deus para junto dos homens por meio dele. É por isso que o cristianismo deve manter sua ligação com as antigas escrituras, e também com o povo judeu, que hoje é o testemunho dessa verdade. Eu disse que a importância do Antigo Testamento era recordar ao cristianismo aquilo a que ele não deveria retornar. A fórmula não é muito feliz se a compreendermos no sentido de ela mostrar apenas o que se deve rejeitar; mesmo assim ela nos diz algo de certo: não devemos recair no antigo, porque o antigo é a preparação do novo. Se voltamos, pois, ao Antigo Testamento, e devemos fazê-lo porque é a pátria de Jesus, é para descobrir o Novo que já se revelava ali, e assim aprender a deixar-nos conduzir por Ele até a novidade que renasce sempre de novo de Deus. A interpretação do Antigo Testamento por meio do Novo também nos ensina a reinterpretar o Novo na novidade dos tempos.

Em outras palavras, o cristianismo não é apenas religião, nem religião semelhante às outras: eis o que significa a libertação da lei pela morte de Jesus em nome da lei. Este foi o ato fundador do cristianismo. É importante que ele mantenha seu vínculo com o Antigo Testamento para permanecer ligado, por intermédio dele, a todas as religiões do mundo, tanto antigas como contemporâneas – e é por isso que ele também deve restabelecer relações de amizade e parentesco com o atual povo judeu; mas ao mesmo tempo ele não deve permanecer sob a lei, submeter-se ao regime das antigas religiões, ele que, em nome de Deus, liberta os homens de todos os jugos religiosos, para que possam tornar-se um único povo, uma humanidade comum.

É precisamente no sentido de superar a religião visível que o cristianismo é convidado por Jesus a tornar-se *verdadeira adoração do Pai em espírito e verdade* (Jo 4,23) – embora não se possa ver ainda aonde isso poderá conduzi-lo; é sobre isso que a atual crise religiosa nos levou a refletir. Os cristãos devem manter o Antigo Testamento porque o Novo já está em preparação ali, com base no Antigo, como novidade absoluta que está sempre exigindo novas evoluções. É dessa forma que a Bíblia assume para eles um significado diferente do que a Bíblia lida pelos judeus ligados a seus antigos privilégios e particularismos. Por meio da relação entre o Novo e o Antigo Testamento, o cristão é convidado a reinterpretar até mesmo sua própria religião, a fim de evitar que ela se torne uma nova Lei: e é assim que faz surgir das próprias antigas Escrituras a novidade do Evangelho.

Temos o sentimento de que o Antigo Testamento nos apresenta um Deus ciumento, vingativo, enquanto o Novo nos apresenta um deus de amor...

Isso não deixa de ser verdade. Exceto pelo fato de que também no Antigo Testamento se encontram muitas palavras do Deus de amor. Assim como acontece no Novo, que ainda guarda traços do Antigo, por exemplo algumas parábolas de julgamento ou de prescrição da lei. É por isso que há sempre espaço para a reinterpretação. Mas é verdade que a dimensão plena e inexaurível do Deus-amor só poderia ser revelada pela sua encarnação em Jesus. Não afirmo que isso se deu por outra doutrina de Deus, porque Jesus não fundou nenhuma escola para dar aulas sobre Deus. Mas algo aconteceu em Jesus; mais precisamente, *algo aconteceu a Deus em Jesus*: quando ele nasceu, quando morreu, quando ressuscitou, algo aconteceu a Deus! Talvez ele tenha mudado... Ele se associou à história, e é aqui que seu amor aparece, em seu vínculo com a história, com o corpo de Jesus: o acontecimento de Deus em Jesus é a fonte de uma renovação perpétua da inteligência das Escrituras, das antigas e das novas, de umas por outras.

Como podemos compreender tal mudança?

Compreendendo melhor o que chamamos de Revelação, Escritura ou Palavra de Deus. O que Deus estabelece com o escritor sagrado não é um discurso que teria de ser transcrito tal e qual. Essa ideia nos levaria ao fundamentalismo. Deus inspira nesse autor uma orientação do pensamento e do coração para elaborar seu próprio discurso por meio da sua própria inteligência e das categorias linguísticas que derivam da sua cultura. Isso explica por que há muitas palavras no Antigo Testamento, e também no Novo, que nos repugnam – e isso é algo legítimo –, com as quais já não conseguimos rezar quando refletimos sobre elas, na medida em que só falam de punição e vingança; essas palavras precisam ser reinterpretadas.

A relação de Jesus com Deus é a chave para essas reinterpretações que precisam ser feitas sempre de novo. Pois Jesus revela Deus essencialmente como um Pai, e aprendemos a conhecê-lo contemplando o seu rosto que se reflete no rosto de Jesus. Novamente, Jesus não fez nenhum discurso sobre Deus: é possível encontrar tal discurso – muito bonito aliás – somente no Evangelho de João. Mas algo aconteceu em Jesus que ressoou em Deus, e é compreendendo isso que a verdade de Deus se revela em nosso coração.

Como podemos conciliar a leitura crente da Bíblia com a leitura crítica?

De princípio, elas não são opostas. A busca do verdadeiro texto e do sentido literal da Bíblia sempre existiu, mesmo se o sentido verdadeiro tenha sido concebido de forma diferente do que é hoje. A exegese crítica, histórica ou acadêmica, tal como a concebemos hoje, incluindo a história da tradição e da redação dos textos, o estudo dos textos nas línguas originais e suas traduções para outras línguas, a abordagem do significado da cultura da época e da sociedade em que esses textos surgiram, o confronto dos dados bíblicos com os dados da história contemporânea etc., tudo isso começou aproximadamente no século XVI, e foi obra de intelectuais crentes – católicos, protestantes ou judeus. Richard Simon, sacerdote do Oratório no século XVII, publicou o livro *Histoire critique du Vieux Testament* (*História crítica do Velho Testamento* – recentemente editado por Pierre Gibert), que acabou se tornando o fundamento da exegese moderna, e que por mais inovadora que tenha sido não se voltou contra a fé. É verdade que seu livro foi condenado por Bossuet, porque sacudia as ideias estabelecidas. Os métodos científicos de estudo de textos antigos, aos quais foram sendo acrescentadas ao longo do tempo contribuições da linguística, epigrafia, arqueologia, numismática etc., acabaram se impondo por toda parte, seja na leitura de Homero, dos Vedas ou da Bíblia, e assim logo se impuseram também aos estudiosos muçulmanos do Alcorão. Depois de muita resistência e reticência, o Magistério romano reconheceu sua legitimidade em meados do século passado, e os exegetas católicos puderam lançar mão desses métodos regularmente. Já é matéria pacífica que há uma leitura crítica, científica, literalista e histórica da Bíblia, que exprime seu verdadeiro significado, como está escrito *num texto e numa época*.

Isso não significa que essa leitura científica por si *só* representa a inteligência *total* da Bíblia ou seu significado *último* para a fé. O Magistério não pode rejeitar a inteligência que vem dos estudiosos, sob pena de perder sua credibilidade. A verdade católica, a verdade teológica da Bíblia, deve assumir sua verdade histórica e literal e basear-se nela. Isto é, *aceitá-la*, mas não se *reduzir* a ela. Porque a fé se refere ao texto, nele se apoia, mas sua intenção não está voltada para ele; está voltada para

Deus que fala aos homens por intermédio do livro e acolhe sua Palavra como foi recebida, transmitida e vivida pelos crentes no curso de uma longa história e como ainda é compreendida por uma comunidade de fé.

Se surge alguma dificuldade no confronto entre o sentido literal primitivo (na medida em que se alcança restituí-lo com certeza) e a sua recepção atual, isso não é motivo de espanto nem de escândalo. Quando com todas as suas forças o Magistério eclesiástico busca impedir que se abandone um sentido tradicional comprometido pelas descobertas recentes, isso é um mero ato de prudência, esperando até que se forme um consenso geral e definitivo sobre um novo sentido. Mas não o vemos recusar uma opinião bem estabelecida e amplamente aceita, sem credenciar perigosamente a tese bastante difundida da incompatibilidade entre fé e ciência.

Reconciliar esses dois pontos não é tarefa fácil, reconheço, desde que a fé faça apelo a um texto para o qual a ciência alargou sua competência. A solução do problema, portanto, não é um ato de autoridade, mas o trabalho de estudiosos cristãos, historiadores, exegetas, teólogos. O princípio da solução é que a fé não se baseia em evidências históricas, sinais visíveis e não exige garantias racionais, pois crer não é saber. Se somos solicitados a crer em Deus, é porque não é óbvio que Deus existe! Parece que os homens dos tempos antigos tinham essa evidência sem precisar questionar, mas colocavam Deus no múltiplo e no visível. A fé no único Deus, no Deus do céu, significou o fim da evidência de Deus. Isso não nos permite afirmar que a inteligência seja banida da fé. Todavia, admitimos que o hábito do homem moderno de fundamentar seu conhecimento sobre provas e demonstrações, experiências e verificações não facilita o assentimento da razão à fé.

Saia, portanto, de qualquer leitura "literalista"...

A maioria dos exegetas contemporâneos pratica uma leitura "literal", ou seja, respeita o texto tal como está escrito e se esforça por expressar seu sentido autêntico. Mas "literal" não significa "literalista", não significa que você tenha de tomar tudo o que está escrito "ao pé da letra", porque todas as línguas usam imagens, figuras de estilo, métodos linguísticos, códigos que precisam ser conhecidos para entender o que o texto *significa* enquanto tal. Os textos antigos têm também sua história, que precisa ser repassada se se quiser remontar ao seu sentido original.

Quanto à leitura "crítica", isso nada mais significa do que uma leitura acadêmica ou erudita, no mínimo estudada, ponderada, inteligente, porque a leitura inteligente é aquela que exige apreciação, discernimento, que é o significado etimológico da palavra "crítica". Qualquer pessoa inteligente que se aproxime de um texto antigo, traduzido principalmente de uma língua estrangeira que já não é falada há muito tempo, sabe que não tem acesso ali "de modo natural", que deve usar dicionários e comentários, adquirir muita informação sobre essa língua, esse texto, seu autor, seu "contexto" cultural e histórico: trata-se de fazer uma leitura "crítica", e isso não se opõe de modo algum a uma leitura "crente".

Por exemplo, o principal precursor da "exegese crítica" no século XVII, Richard Simon, não colocou de lado sua fé para fazer tal leitura, como demonstrou seu mais recente historiador e tradutor, Pierre Gibert. E como ele explicou – desta vez como exegeta –, a chamada exegese "histórico-crítica" de modo algum é uma forma de "criticar", suspeitar e rejeitar a leitura crente da Bíblia; é simplesmente uma forma de estudá-la, aplicando os procedimentos da história dos textos e os critérios da ciência dos textos antigos. E, se alguma vez esse procedimento colidir com uma leitura "crente", é porque esta última carece de instrução e reflexão, o que infelizmente acontece demasiadas vezes.

Por vezes, o Magistério romano adverte também os fiéis contra a exegese crítica, porque contradiz o uso dogmático de um texto sagrado ou porque confunde a fé dos crentes. Essa repreensão pode ter um motivo justo em alguns casos, embora muitas vezes se engane; mas a desconfiança generalizada de tal exegese é injusta e perigosa, pois demonstra o desprezo da Igreja pelas ciências "profanas" e nutre a preguiça intelectual dos fiéis, um espírito fanático, sectário; e com isso faz com que o Magistério perca sua credibilidade, quando tenta defender, apesar dos protestos, a verdade cristã contra os critérios de verdade respeitados por todos os espíritos do nosso tempo.

Em nossa época já se realizou amplo acordo entre especialistas bíblicos de diferentes confissões cristãs, e esse acordo faz mais pela unidade cristã do que muitos chavões sobre conflitos dogmáticos. Existe também um trabalho comum entre estudiosos cristãos e judeus na interpretação dos livros antigos da Bíblia e até de textos do Novo Testamento, e essa colaboração, baseada na verdade dos textos, faz muito mais pela tão necessária amizade entre judeus e cristãos do que por encontros ostensivos entre dignitários religiosos de um lado e do outro. A religião muçulmana em seu conjunto continua hostil ao estudo científico do Alcorão, mas também ali as coisas estão avançando; muitos intelectuais muçulmanos acreditam que a abertura do Islão ao pensamento da modernidade é uma condição necessária para um diálogo fecundo entre as culturas árabes e do Oriente Médio e a cultura ocidental. Não me parece exagerado argumentar que o desarmamento dos conflitos religiosos passa, em boa parte, pela aceitação comum de submeter os textos sagrados de todas as religiões – fatores responsáveis por tantas guerras no passado – aos mesmos critérios de interpretação reconhecidos pela razão comum da humanidade. Foi o sonho de Baruch Espinoza no início do século XVII, do qual não devemos desistir.

O senhor não poderia ser acusado de racionalizar a fé em excesso, por trazê-la de volta ao conhecimento, por sujeitá-la ao controle da ciência? E quantos fiéis, nesse sentido, seriam capazes de ler as Escrituras para buscar nelas um revigoramento de sua fé?

Estávamos falando de textos, não de fé. Um texto religioso é um texto como qualquer outro, sujeito aos mesmos avatares de transmissão ou tradução, que necessita dos mesmos critérios de verificação e interpretação; ele deve sua sacralidade à fé com que foi escrito e recebido, e é sempre proclamado e lido; mas sua compreensão literal está sujeita às regras gerais da linguística. Antes da invenção da imprensa, e ainda em grande parte depois, especialmente entre os católicos a grande maioria dos fiéis jamais teve em mãos uma Bíblia. Isto não os impediu de alimentar sua fé na Palavra viva de Deus, que chegava a eles provinda do Livro Sagrado mediante a pregação da Igreja.

Todavia, você levantou uma questão bastante séria. Há um grande fosso se formando e aumentando entre a leitura "acadêmica" da Bíblia, feita por exegetas e teólogos, a leitura "dogmática" que o Magistério gostaria de impor, e a leitura "ingênua" dos fiéis; e o resultado é que na Igreja já não se fala a mesma língua. Mas não devemos exagerar: muitos fiéis entendem a necessidade de um estudo sério dos Evangelhos e de outros escritos para a fé de hoje; eles recorrem facilmente aos ensinamentos dos especialistas, a bons comentários ou anotações que lhe são disponibilizados. Mas na medida em que vai diminuindo o fosso entre estes e os "estudiosos", aumenta o fosso que há entre todos eles e os fiéis ligados a uma leitura fundamentalista ou à sua ignorância piedosa e um Magistério desejoso de manter o privilégio de ensinar os fiéis com autoridade e de impor uma leitura da Escritura que favoreça os dogmas tradicionais, seja qual for o verdadeiro sentido dos textos. Esta cisão na linguagem dos cristãos é um dos graves problemas atuais. Estamos diante de uma dupla dissociação intraeclesial, com um conflito entre a verdade científica da Bíblia e a verdade dos dogmas. Esse problema diz respeito sobretudo aos teólogos, responsáveis pela unidade da linguagem cristã e de sua verdade, a qual não pode se afastar da verdade dos textos fundadores do cristianismo. A verdade doutrinal do catolicismo deve assumir a verdade histórica da Bíblia e nela se fundamentar. Eu não estou dizendo que deva se reduzir a ela, mas primeiramente aceitá-la. Trata-se de um sério desafio a ser enfrentado, que coloca em jogo o lugar que o catolicismo vai ocupar no mundo cultural de amanhã.

No entanto, para abordar mais de perto sua questão, não penso de modo algum que a solução das dificuldades que estamos discutindo seja intensificar o saber da fé, aproximar a fé do conhecimento; antes, trata-se de distingui-los bem, sem criar uma oposição entre eles, precisamente porque a fé não pertence à ordem da ciência. O princípio da solução é que o crer não é um conhecimento; ele o respeita, mas o transcende. Se somos convidados a crer, é porque isso não é visível, não é evidente. Somos chamados a crer em Deus porque não é óbvio que Deus existe.

Nossos antepassados, aqueles que nos legaram seus textos sagrados, tinham a evidência de Deus, Deus estava em toda parte ao redor deles, ele intervinha em tudo o que lhes acontecia de bom ou de ruim, em todos os seus assuntos. A principal tarefa dos homens era ganhar o favor dos deuses, ganhar sua proteção. A religião era mais importante para eles do que a fé. Ou admitamos que era a implementação do conhecimento da fé o modo como se deveria lidar com a divindade. Quando conseguimos ver, não há necessidade de crer. É óbvio que os primeiros homens admitiam a existência dos deuses sem se fazer qualquer pergunta. Isso era como que uma imposição. Sua fé não estava diretamente interessada em seus deuses, mas na certeza de atrair sua benevolência pelas honras que eles lhes prestavam. Para nós, o caso é bem diferente. E é precisamente a fé no Deus único que pôs fim à sua evidência. O Deus único é inevitavelmente inefável e invisível. A fé nele não vem do conhecimento, nem nos fornece nenhum conhecimento dele.

Mas, então, o que decide a fé?

É difícil dizer... Penso que a fé é fundamentalmente o ato de confiança, e é isso que parece demonstrar o emprego antigo do verbo *crer* nas línguas indo-europeias (de acordo com os estudos de Émile Benveniste). O ato pelo qual uma criança confia em seu pai não é *essencialmente* diferente do ato pelo qual confiamos em Deus. A diferença, é claro, é que a criança vê seu pai: o crente não vê Deus. Ainda assim, a criança não tem a evidência de que deve confiar em seu pai em tudo, e sempre. Irá chegar um momento em que ela não confiará completamente nele! E talvez seja assim que a criança vai se tornar um adulto, um sujeito responsável por si mesmo. Com isso, não perde seu relacionamento com o pai, mas esse relacionamento será transformado. É o que provavelmente acontece, e deve acontecer, quando, na idade adulta um crente alcança uma razão *esclarecida*, que também precisa de uma fé, mas uma fé *esclarecida* de outro modo. Um crente que perdeu a confiança em suas razões para crer corre o risco de perder a sua fé, mas porque depositou sua confiança em razões e provas, em vez de a colocar no próprio Deus; a contestação que lhe é posta pela ciência, uma vez que ele aceite sua demonstração, irá ajudá-lo a colocar a sua fé numa relação real com Deus, não cegamente, mas pensando-a com todos os recursos da sua inteligência, e é então que alcançará uma fé plenamente responsável, e poderá assumir responsabilidade e dar razões de sua fé.

O ser humano deve se perguntar sempre de novo: Quem sou eu? O que é o universo? O que é o homem? Da mesma forma, ele sempre terá de questionar a si mesmo: Quem é Deus? Isto não o impedirá de crer em Deus, assim como ele crê em si mesmo, crê nos outros, crê no mundo; tampouco o levará a dissociar-se, porque o mundo está em constante mudança, os outros falham para com ele, nem quando o si-mesmo mais profundo acaba se confundindo com os avatares do *eu*. A fé é um sobressalto vindo de além de nós mesmos, dos outros e do mundo, ao mesmo tempo que é um acordo harmonioso consigo mesmo, com os seres humanos e o universo; ela rompe com nossa adesão a tudo isso e nos dá acesso a algo maior que nós mesmos, ao que é infinitamente maior do que tudo *ao* que chamamos de *Deus*, sem saber bem o que entendemos ao pronunciar esse nome; a única coisa que sabemos é que ele nos inspira confiança absoluta. O conhecimento de Deus não parou de se modificar à medida que foi evoluindo a consciência da pessoa humana, da história e do universo. Ao que tudo indica, nossa época está a caminho de uma consciência de solidariedade para com o destino da humanidade: está em curso uma nova abordagem de Deus.

A fé é o ato de caminhar, de avançar, sem parar ou olhar para trás, o ato de nos deixar levar por um termo infinito, do qual nada sabemos a não ser que é a nossa razão de existir. Não se trata de colocar a nossa vida de volta na mão dos deuses; trata-se de assumi-la e dar-lhe um propósito, mas um propósito que sentimos ser ele próprio que nos pôs e nos mantém a caminho. O que diferencia a fé cristã da crença primitiva e de qualquer outra crença religiosa é que o cristão visa encontrar Deus por meio de um homem de nossa história, Jesus: e é isso que a impede de se afastar do mundo e do tempo. É isso também que coloca à prova a fé diante da verdade histórica.

Então a fé não escapará à ordem da razão?

É com sua razão que o crente se aproxima de Deus, porque era necessário negar a falsa evidência da onipresença dos deuses para ganhar a fé no único Deus – Sócrates testemunhou isso ao preço de sua vida. Primeiramente, gostaria de religar a fé ao ato de confiança.

Ela é o ato de caminhar com Deus, de mãos dadas, com confiança, caminhar diante dele, sob o seu olhar, diz a Bíblia, e seguir Jesus, diz o Evangelho. Começamos por fazê-lo como uma criança, com uma fé infantil; podemos dizer uma fé cega, porque nos deixamos conduzir sem perguntar para onde vamos, como Abraão indo para um país distante no qual Deus queria instalar sua descendência. Mas o cristão não fica sendo sempre criança; virá um dia quando sua confiança em Deus irá mudar; ele não a irá perder, ela não será menos forte, será diferente, porque fundamentada. Ele saberá que não pode pedir tudo a Deus, assim como Deus não poderá pedir tudo dele: por exemplo, não pode pedir a Abraão que sacrifique o seu filho Isaque. A Bíblia está cheia de tais histórias, porque é uma narrativa e não um ensino teórico. Ela ensina a viver com Deus, a comportar-se diante ele, mostrando como ele trata os homens e como ele ama que os homens se reportem a ele.

E chega um dia em que o crente se dá conta de que a Bíblia lhe conta histórias, que não é preciso crer, mas que por meio delas participamos de uma história verdadeira, a história de Deus conosco. Na história, há o que é visível e o que é invisível, não devemos acreditar apenas no que é visível, mas também no invisível que lhe dá sentido. Quando compreende isso, o crente acessa uma fé "crítica", adulta.

E no que diz respeito a nós mesmos, acreditamos em nós, acreditamos que existimos, sabemos quem somos? Posso acreditar que sou bom, que sou verdadeiro, que tenho valor, importância? Tenho uma certa fé em mim que me permite existir sem fazer tantas perguntas sobre mim, que se baseia na experiência passada e antecipa um futuro incerto sobre o qual evito pensar. Posso contar minha vida, mas não posso dizer o que faz com que eu seja eu mesmo e não outro, eu nem sequer sei o que tenho em mim de meu, o tanto que posso ter sido moldado por outras pessoas e por tantos eventos fortuitos. Eu me conheço pelos olhos dos outros mais do que olhando para o fundo de mim mesmo. Finalmente, vou confiar na vida que me foi dada e que não cessa de me remeter para além do momento presente, para me arrancar do passado, isto é, de mim mesmo, para me dar a oportunidade de existir para mim num novo futuro. Em certa medida, a fé em Deus se constitui muito provavelmente da necessidade de acreditar que eu tenha um valor absoluto, que eu conto em relação a um outro que me permitiu ser para ele.

O ser humano descobre-se como que tomado em um mistério. E a fé em Deus é a transcendência absoluta de uma transcendência relativa que se manifesta em mim, enquanto eu não provim de mim mesmo, mas provim de uma história e de um mundo aos quais fui entregue. Fui dado pela pura sorte, na qual eu pressinto um puro amor. Estou em trânsito, sem poder dizer para onde, a não ser que sou atraído por uma vontade amorosa que doa o ser a tudo que é. Não tem como fugir do mistério. Poderíamos razoavelmente recusar dar-lhe o nome de Deus. Mas será que fomos exatamente nós, os homens, que inventamos este nome? Ou não será, antes, Deus que se nomeia em nós pela postulação irrepreensível de um sentido infinito? Na fé não há apenas um sentimento, há uma necessidade de inteligibilidade, uma busca de sentido. Foi essa necessidade que arrancou a fé da religiosidade dos tempos antigos, que gerou a mitologia como a primeira tentativa de explicar as origens, e depois a transformou em filosofia nos gregos. Foi esta mesma busca de sentido que escutou a palavra e depois a sabedoria de Deus entre os judeus, e depois a teologia racional entre os cristãos. O homem cristão tornou-se sujeito sob o olhar de um Deus concebido como justiça soberana e amor infinito. A confiança em Deus levou-o a assumir a responsabilidade por si mesmo, o que permitiu que o homem da modernidade se emancipasse da tutela de Deus, enquanto o crente continua a confiar em Deus para crescer na verdadeira liberdade, que é a doação de si mesmo para os outros.

Para que o ser humano continue sendo ele mesmo, é preciso manter a distância entre Deus e nós, mas sem separação, a fim de que ele possa se elevar humanamente tendendo na direção de Deus: assim, a fé cristã mantém a distância entre Deus e o homem Jesus, concebendo Jesus como sentado à direita de Deus – em distância e unidade.

Será que as mudanças sociais que estão em curso não arriscam destruir as tradições religiosas da sociedade da qual surgimos?

O que pode desaparecer é o vínculo social que até agora sempre foi – não só mas fundamentalmente – religioso. Esta é a tese da Escola Francesa de Sociologia, exceto que trouxe os religiosos de volta à preocupação com o social. Mas agora, ao estudarmos as civilizações antigas, temos a tendência de dizer, antes, que o social tem ou tinha um caráter religioso. Suponhamos que a tese é reversível e, portanto, que a escolha que os crentes faziam na Antiguidade não era tão definida, porque a crença das pessoas se apoiava muito mais no vínculo social propriamente dito. Isso era bem menos verdade nos primórdios do Cristianismo, pois iniciava-se com um ato de conversão a Cristo, o que impunha ao crente romper tanto com a lei religiosa do povo judeu quanto com os costumes da cidade pagã. Admitamos ainda que o vínculo do cristianismo com a sociedade dos povos europeus, devido à simbiose da Igreja com o Império Romano, teve como efeito difundir a fé mediante a força de uma tradição social e histórica. Mas estamos muito longe disso, depois que os Estados se tornaram laicos e da crescente secularização das sociedades europeias.

Como defende Marcel Gauchet, ao assumir a responsabilidade pela organização da existência social dos indivíduos, o Estado provocou o retraimento da religião de todos os lugares nos quais as funções que ela exercia na sociedade lhe conferiam uma presença proeminente. Os indivíduos afastaram-se de uma religião que não era mais imposta pela pressão social e da qual não mais necessitavam para manter seus postos na sociedade: a perda do vínculo sociorreligioso afetava necessariamente as crenças dos indivíduos, e com isso acabou se difundindo a incredulidade. Isso acontece na medida em que a religião de um indivíduo depende de uma crença que seja comum a seu entorno familiar, social e cultural, sem que ele tenha feito uma escolha consciente e uma decisão deliberada, *um ato* pessoal de crença. Eis um argumento que nos ajuda a distinguir entre a palavra "fé" e a palavra "crença", para personalizar a fé como um compromisso do indivíduo que assume as rédeas de seu destino, que reflete sobre seu estar no mundo, sobre sua vida na sociedade e que orienta seu destino segundo um vínculo pessoal com Deus.

Nessa perspectiva, alguns acreditam que a referência às *raízes cristãs* seria uma forma de unificar um certo "povo europeu". Como o senhor vê um destino comum, que não seja o retorno a um projeto de cristianismo ilusório e insensato?

De minha parte, não é a palavra "raiz" que gostaria de usar, porque essa palavra significaria que a Europa nasceu inteiramente e apenas do cristianismo; eu diria "tradição": O que nos une? O que é que dá à Europa certa identidade? Não se pode ignorar seu passado, e esse passado é o cristianismo.

Mas será preciso fixar-nos neste aspecto? Não me parece. Isso nos ajudaria a construir nosso futuro? Não me parece. Em todo o caso, certamente não concluindo que se deva privilegiar a religião cristã, que deva ser restaurada. Não, não é esse o meu pensamento. No entanto, gostaria de dizer que, se tivesse consciência da tradição cristã que a habita, mesmo que ela já não seja crente – isso porque nosso passado nunca deixa de estar em nós –, a Europa poderia definir de forma mais enérgica o humanismo que ela defende, assim como sua luta pelos direitos humanos, com todo o respeito do indivíduo que isso implica. Nesse campo temos um trabalho bem delicado e múltiplo para ser realizado. Os direitos humanos, por exemplo, nos levam a permitir às mulheres muçulmanas de usar o véu ou de proibi-lo? O que mais respeita sua pessoa? Qual a atitude mais adequada para facilitar sua integração na sociedade europeia? Estas são as questões sobre as quais os cidadãos europeus precisam discutir. Não é necessário referir-se explicitamente ao cristianismo para responder a essas questões, mas um cristão encontrará no Evangelho referências que irão orientá-lo sobre esse tema, e ajudar seus concidadãos a refletir sobre ele, na medida em que a própria tradição cultural europeia conservou em si "valores" hauridos do próprio Evangelho.

Propor um "humanismo evangélico", tal como amo fazer, não tem a pretensão de alimentar um "projeto de cristandade", estimular o sonho de um regresso à religião, a fim de assegurar o futuro da Europa. Não acredito num voltar atrás. Penso que a fé, ao personalizar-se, está mais centrada em seu polo ético. Parece-me que é essa a evolução que está se desenhando ante nossos olhos. Neste sentido, pode-se admitir, que o cristianismo preparou o retraimento da religião, na medida em que apostou precisamente tudo no amor, na caridade. Meditei um pouco esta manhã uma passagem da primeira carta de Pedro, que enfatiza fortemente o lugar central da caridade, do amor fraterno, da ajuda mútua, do perdão no Evangelho; e podemos ler a mesma coisa em Paulo, em João, em Tiago: é uma polaridade verdadeiramente evangélica. Talvez seja nesse ponto que está se desenhando o futuro da Igreja como futuro geral das sociedades europeias e outras sociedades. O futuro da Igreja: partindo do pressuposto de que os cristãos se afastem suficientemente das formalidades tradicionais da religião, próprias de todas as religiões baseadas no culto, para orientar sua fé mais para o serviço dos outros em particular e da humanidade em geral.

É isso que o senhor chamaria uma *religião pura*?

Não fui eu que usei essa expressão. Você a encontrará na epístola do apóstolo Tiago (1,27), que diz: "A religião pura e sem mancha diante do Deus e Pai, é esta: assistir os órfãos e as viúvas em suas dificuldades e guardar-se livre da corrupção do mundo". A orientação ética dessa declaração é incontestável. Por outro lado, se queremos afirmar que a "religião pura" seria pura e simplesmente "fazer caridade", no sentido mais vago da expressão, não creio que isso expresse com precisão o pensamento de São Tiago! Mas que não há religião verdadeira onde não há caridade, a ponto de que esta – no sentido amplo e absoluto que o Evangelho lhe dá – poderia suplantar àquela, afirmo de boa vontade que essa seria a "religião pura" para mim. Mas estamos longe do amor no sentido mais vago da palavra, como você parece considerar...

Não necessariamente o mais vago, mas o mais partilhado, muito além do cristianismo...

O mais partilhado... Será tão partilhado assim? Onde você vê verdadeiramente alguém entregue ao serviço dos outros, eu diria que ali reconheço um crente, mesmo que sua fé não seja expressa em nenhuma declaração dogmática. Um crente (eu não disse um cristão), por quê? Porque ali ele sai de si para ir em direção ao outro – na direção do outro visto como transcendente. Mesmo que esse homem diga "Deus, não o conheço", isso não deixa de ser um movimento de fé. Com isso quero dizer que ele pode simplesmente convencer-se de que essa atitude é o caminho próprio da humanidade, a saber, dedicar-se ao desenvolvimento da humanidade do outro. Não busco forçá-lo a transcrever em termos religiosos o que parece à sua consciência como simples dever de humanidade, não! Mas, a meu ver, ele já estaria dentro de um movimento de transcendência, e para mim confesso que isso é a fé, num sentido lato; a fé não é só isso, mas, esquecer a si mesmo em benefício do outro, isto já é fé.

Você me perguntou anteriormente: "O que é a fé em Deus? Como podemos definir Deus? Ou a fé?" Não acho que seja possível definir essas realidades com exatidão. Já os anciãos, tanto teólogos judeus como cristãos, e até filósofos estoicos, diziam que Deus é inominável. Se ele é inominável, isso significa que não pode ser compreendido. Pensamo-lo, sem poder fixá-lo em conceito. De qualquer forma, nós o pensamos; isso significa que o homem apreende certa transcendência, diz Deus porque se sente ultrapassado infinitamente por algo. O mesmo se aplica à questão da fé: sou capaz de discorrer sobre *a* fé, mas não tenho a certeza de que posso explicar exatamente *minha* fé, dizer o que me faz crer, o que acontece em mim quando examino minha fé, quando duvido, e então me sinto fortificado em um movimento ou em um sentimento de fé. Acreditar é sentir-se tomado por uma força, um impulso, uma presença, que podemos recusar, e pela qual nos deixamos ser tomados e guiados como para o próprio destino.

Se eu retomar agora a questão da fé "no sentido lato", um sentimento de transcendência que não vá até à invocação de Deus, será que encontro ali um futuro para o cristianismo? Sim, mas na condição de que este sentimento seja alimentado por pessoas que creem na transcendência no sentido forte e preciso da palavra, aquela que tem sua fonte em Deus, como falávamos anteriormente. Porque o sentimento de transcendência pode deteriorar-se e perder-se, perder o sabor, o impulso e o sentido da infinitude, se não for constantemente renovado em sua fonte divina. Foi o cristianismo, com o auxílio de tudo o que herdara do Antigo Testamento e da filosofia grega, que deu o impulso para reconhecer, pelo pensamento ocidental, a dignidade da pessoa humana e de todos os "valores" que atribuímos à palavra *humanidade*. Os cristãos do século II se vangloriavam ante os pagãos cultos da excelência da ética evangélica, ética que tinham aprendido, e diziam: "Na Escola do Logos (do Verbo, ou da razão divina)", isto é, de Cristo, cujo ensinamento denominaram "a verdadeira filosofia". Queriam mostrar que o pensamento evangélico é apto para gerar, nutrir e conservar o pensamento filosófico que o homem precisa para se conhecer verdadeiramente e conduzir seu destino para seus verdadeiros fins. É assim que o cristianismo espalhou sementes evangélicas no pensamento europeu. É por isso que deve continuar a manter-se em contato com ele. Não no sentido de fazê-lo reconhecer o que lhe deve, chamando-o a voltar a ser cristão. Mas para nutrir o impulso de transcendência, o gosto da infinitude, o fervor do absoluto, do amor incondicional e gratuito, ao qual o Evangelho deu o nome a Deus.

Então, de certa forma a posição mais razoável e pertinente não seria aquela que nos levaria a uma forma de teologia negativa: de recusar-se mesmo a tentar definir Deus?

Sinto muito por lhe responder que não é necessário ter lido muita teologia negativa para pensar sobre isso; há algum tempo, Derrida ficou surpreso ao descobrir que ela era muito tagarela; e do que você acredita que ela fale tanto, se não de Deus? Confesse que não seria muito razoável pronunciar o nome de Deus, apressando-se para prevenir que não se sabe o que significa. Se tivéssemos de nos abster de dizer o que vem à mente quando o pronunciamos, a única atitude sensata seria deixar de o dizer, e não há necessidade de invocar Wittgenstein sobre este assunto.

Tendo dito isso com um pouco de humor, reafirmo o que já disse, que Jesus não proferiu nenhum discurso sobre Deus, não procurou ensinar no mesmo estilo dos filósofos do seu tempo; ele simplesmente indicou, muitas vezes em imagens, os caminhos que se deviam seguir para entrar no Reino de Deus. No entanto, ele deu ou inspirou uma definição de Deus: "*Deus é amor*". Basta que os cristãos falem de Deus, não com discursos acadêmicos, mas segundo a abundância do coração.

Hoje, como poderíamos definir o cristão? O que é ser cristão? E qual é a razão pela qual, especialmente no seio da Igreja católica, existam grupos que já não partilham muito, e até cultivam um antagonismo franco, que podem ainda ter o mesmo nome: o nome de cristãos?

Não se escandalize tão depressa: sempre foi assim, desde a origem da Igreja! Sem dúvida, pode haver diferentes formas de conceber os cristãos ou de se conceber como cristãos, conforme se leve em conta as peculiaridades das diferentes denominações cristãs que foram se separando umas das outras ao longo do tempo, ou as diferentes percepções religiosas que atualmente criam dissensão dentro do grupo católico. A partir da perspectiva leiga, se você estiver se referindo aos debates que ocorreram no início do século por ocasião das discussões sobre a separação entre Igreja e Estado, dir-se-ia: o católico é alguém que obedece ao papa. E hoje há muitas pessoas que continuam a defini-lo exatamente assim. Mas isso não é muito pertinente.

Na sua opinião, por que razão esse critério não é pertinente?

Ser cristão é ler o Evangelho em uma comunidade e traduzi-lo em atos na vida. Numa comunidade de cristãos, é claro, mas aberta aos outros, pois o Evangelho é missão, envia ao mundo; é ali que surgem as questões fundamentais, como: O que é o homem? O que é a sociedade?, pois o Evangelho existe para ser vivido no coração do mundo, no coração das questões e dificuldades da vida de todos e de todos os dias.

Penso que o cristão do século XXI definirá sua fé mediante a cidadania. Com isso quero me referir à sua vida na Igreja, mas junto com isso e no mesmo grau, à sua vida no mundo, à sua vida na sociedade, comprometido com os problemas concretos de seus concidadãos, da edificação dos povos, e também em plena solidariedade com o que se passa em outros países, com tudo o que põe em causa a humanidade do ser humano. Um escritor cristão do século II, o autor anônimo da *Carta a Diogneto*, disse que o cristão é "a alma do mundo", porque "nenhum país é estrangeiro para ele". Parece-me que o cristão do nosso século definirá sua fé de modo semelhante, afirmando-a e tornando-a solidária com todas as questões, econômicas, políticas ou culturais, que põem em risco ou em perigo a dignidade do ser humano, a unidade dos povos, a humanização das sociedades.

Como pode ver, estou falando aqui sobre a fé cristã, que é um compromisso com a vida, não com a crença, nem com a religião, conceitos que já deslindamos em nossa primeira entrevista. A fé é expressa em crenças doutrinais e práticas religiosas, mas ela é essencialmente uma relação com Deus por meio dos outros e ao serviço do mundo. Mas, na realidade, o crente ainda corre o risco de se aferrar em suas crenças e práticas, e buscar a Deus somente em sua singularidade religiosa. Mas a modernidade secularizou parte do patrimônio cristão: Espinosa era de opinião de que no Evangelho Jesus estava se referindo à razão comum, e portanto universal; Kant concebeu o *Reino de Deus* como o reino da moralidade acessível a todo homem razoável. O crente que quer proclamar o Evangelho ao mundo, abrindo caminhos para o *Reino de Deus*, é provocado a sair do âmbito fechado do puro elemento religioso e falar por sua vez a partir de uma linguagem na qual uma razão secularizada retranscreveu aquilo que ela guardava do seu passado cristão; e é assim que o cristianismo pode dar a si mesmo um futuro neste mundo que dele se evadiu.

O crente que pretende responder ao apelo de Cristo à missão fará prevalecer o *polo evangélico* do cristianismo sobre o *polo religioso*; pode assim parecer que se afasta da tradição religiosa do cristianismo, mas não se afastará da tradição evangélica, porque Jesus não deixou aos seus nenhum código religioso, no sentido em que se definia a religião antiga pela leitura cuidadosa e escrupulosa do ritual (*relegere*). Naturalmente a fé em Cristo expressava-se desde muito cedo na liturgia de uma comunidade de oração, e portanto religiosa, que praticava o batismo e a eucaristia. É por isso que a preeminência dada ao polo evangélico não destrói a importância do polo religioso, mas mantém o propósito missionário da instituição religiosa.

Ora, o Evangelho é definido em grande parte por seu propósito *ético*: primazia do amor ao próximo e reconciliação com os inimigos, justiça e preocupação pelos pobres e pelos pequenos, e defesa dos valores da humanidade. Orientar-se na direção de um polo evangélico, e portanto ético, não significa preconizar uma restauração nem uma reconquista religiosa. Pode ser um distanciamento da face duradoura e tradicional do catolicismo dominado pelo ritualismo hierárquico; significa necessariamente aprender a pensar de forma diferente a própria fé, viver numa Igreja diferente, falar outra linguagem; mas isso não significa diminuir o valor mais belo da palavra "católico": sua perspectiva voltada ao universal. Prefiro muito mais dizer-me "cristão", para indicar que a essência da minha fé é crer em Cristo, do que "católico (romano)", uma palavra demasiadamente marcada pelo imperialismo e pela primazia da hierarquia. Mas se se trata de expressar a aspiração do Evangelho de penetrar em tudo e servir em todos os lugares sem nada escravizar, então eu amo dizer-me "católico".

Mas como conciliar as leituras do Evangelho feitas, de um lado pela comunidade protestante, que nos Estados Unidos se define como um sionismo cristão, e a dos cristãos palestinos, confissões que se interrogam sobre a ideia de "terra prometida"?

Não estou muito a par desses debates. Mas compreendo que os debates sobre esse assunto se referem mais ao Antigo Testamento do que ao Evangelho. Mesmo que sua intenção fosse a reunificação das doze tribos de Israel, como pensa o exegeta americano J. P. Meier, Jesus jamais buscou restaurar a realeza política de Israel, e aquilo que ele dizia da abertura do Reino de Deus aos pecadores, por um lado, e às nações, por outro, mostra que não estabeleceu ao Evangelho limites estritamente nacionalistas ou puristas: para ele, este Reino é sobretudo a morada de seu Pai, do Pai comum de todos os seres humanos.

Sem dúvida, temos de pensar de novo sobre Jesus a partir do que a história nos ensina sobre ele como homem, o que parece restringi-lo ao âmbito de seu país, de seu tempo, de sua cultura. Mas temos de levar em conta também o que diz a fé, e esta julga com base na sua ressurreição, que a transfigurou e universalizou. Jesus Cristo é uma pessoa "evolutiva", aberta à sua missão e à ação de Deus nele e ao futuro de sua própria história, que ele confia a seu sucessor e suplente, o Espírito Santo Paráclito (Jo 14,16-18). O futuro na direção do qual ele estava avançando, sem o saber, não tinha limites fixos, porque iam recuando à medida que se aproximava a sua "hora". Por fim, foi na Igreja que retomou corpo, mas sem restringir o Reino que está por vir aos limites desta Igreja. Portanto, a tradição "católica" não nos *restringe* a uma verdade que teria sido depositada em algum momento da história em certos indivíduos, e que só poderia ser revelada e cumprir-se num lugar bem determinado e restrito. Ela se abre para o futuro da humanidade e do humano universal: ela é evolutiva.

Mas quando voltamos novamente nossa atenção para o catolicismo, temos a impressão de que para as mentes contemporâneas o credo católico é tosco em mais de um ponto – tosco ou incompreensível. O que podemos dizer hoje sobre este credo católico? Não é, pelo menos na Europa, um repelente ou um obstáculo mais que uma alavanca ou um caminho que leve a Jesus, e por ele a Deus?

O credo católico é antes de mais o Símbolo dos Apóstolos, que dá as coordenadas históricas de Jesus: *nascido da Virgem Maria, crucificado sob Pôncio Pilatos, morto, ressuscitado...*, orientando para a vida eterna pela comunhão com o Espírito Santo: é difícil dizer-se católico sem essa referência. Esse símbolo deita suas raízes na pregação dos apóstolos, e daí seu nome; desde o século II, com diversas variantes, era usado na profissão de fé do batismo; os Padres definiram-no como o "sinal de reconhecimento" utilizado entre os cristãos: ele é incontornável.

Mas talvez você se refira ao credo dogmático niceno-constantinopolitano, que proclama Cristo como *"o único Filho de Deus, nascido antes de todos os séculos, da mesma natureza que o Pai".* Concordo que ele nos afasta do Jesus histórico, distanciando-o de suas origens terrenas, humanas e temporais, nas quais, porém, volta rapidamente a inserir o Cristo retomando o fio condutor do Símbolo dos Apóstolos: *"Para nós, homens e para a nossa salvação, desceu do céu e se encarnou do Espírito Santo e da Virgem Maria, e se fez homem".* Concordo que essa descida do céu representa um problema para reconhecer a verdadeira humanidade de Jesus, e o teólogo deve buscar explicações para isso; mas é assim que toda a tradição cristã, baseada na revelação, estabeleceu a ligação de Jesus com Deus para fazer com que os homens tivessem acesso a Deus por meio de seu Filho: também esse caminho é incontornável.

Esse caminho foi aberto no plano do ser, com base no pensamento grego, que era e continua sendo a busca do universal, o *polo infinito do espírito*, como afirmou o filósofo alemão Edmund Husserl. Mas o pensamento contemporâneo é bem mais aberto à história, que a fenomenologia tenta conciliar com a referência ao ser. É também o objetivo da teologia, com a singularidade que tem baseada na revelação. Você também acusaria a filosofia de ser "rude"? Portanto, procure ser indulgente também para com a teologia, que tenta conciliar o ser e o tempo: não é o destino humano e cristão que está em jogo aqui.

Por fim, quando você afirma que o credo é um "repelente", provavelmente está se referindo ao conjunto de todos os dogmas católicos, esse grandioso monumento chamado "catecismo universal". Tanto quanto você, estou convencido de que esse bloco é visto por muitos católicos como uma camisa de força que precisa de ser sacudido, desarticulado e simplificado. Mas porque se preocupar com isso? Por que você não se atém ao símbolo de fé? Ele é "a regra da verdade", disse Santo Irineu, e os Padres da Igreja afirmaram que ele contém em si tudo o que é necessário crer para ser um verdadeiro cristão e para ser salvo. Se ele não fornece o suficiente para sua reflexão, então você ainda tem os Evangelhos; e se ainda encontra dificuldades ali, as parábolas abrem aos filhos de Deus um vasto campo em que podem circular livremente.

Diante dos desafios do nosso tempo, como o cristianismo
– ou melhor, o Evangelho – oferece hoje um caminho singular
e concreto de libertação – concreto ou pelo menos plausível?

Para mim, é a sua orientação fundamental que encarna o mandamento do amor de Deus no amor ao próximo. O próximo pode ser qualquer pessoa. Não é meu irmão, não é minha família, não é alguém da minha raça, nem o crente da minha religião, não é o homem da minha cultura. É *alguém, não importa quem*, que eu encontro e que está em necessidade. *Em primeiro lugar*, o homem em necessidade! Para mim, é isso que caracteriza o espírito evangélico. Mesmo quando visamos a Deus, ele é o nosso objetivo por meio da comunidade humana a caminho de ser moldada na universalidade. Deus não é simplesmente o ponto final da minha Igreja: Deus é o ponto final da história.

É aí que o cristão se torna consciente de sua vocação, que é ajudar a humanidade a realizar, a levar a cabo seus fins transcendentes. A Igreja não tem finalidade em si mesma. Então, desde agora ela deve desistir de ser o lugar da salvação para todos os homens, pois ainda não revogou seu antigo mote *"Fora da Igreja não há salvação"*. Hoje em dia, praticamente ela se vê forçada a admitir que as pessoas encontram a salvação fora dela, pessoas que não querem ouvir de Igreja. Ela não pode rechaçar essa verdade afirmando que essas pessoas estariam condenadas, sob pena de trazer condenação a si mesma, reconhecendo que não é verdadeiramente universal ou que fica aquém de seu caráter de católica.

A Igreja deve ter ciência de sua vocação à universalidade não como no passado quando pretendia abraçar para si tudo o que pode ser salvo, mas abrir-se a tudo o que é chamado a ser salvo. No estado atual, em que se sente abandonada ou rejeitada por tantas pessoas, ela pode sentir-se abandonada também por Deus. Mas como Cristo. Hoje dificilmente vamos encontrar cristãos que não se sintam abandonados. Certamente uma situação desconfortável, como uma peregrinação por países estrangeiros, uma *errância*, palavra que ficou em voga depois do Vaticano II: cada cristão reconhece-se como um "arameu errante". Encontra-se aí um profundo sentido humanístico, universalista; é a partir daqui que eu costumo afirmar que todo homem é meu irmão.

Em que este horizonte é um horizonte de libertação?

Ele não permite prender o absoluto no particular, a salvação da humanidade na sociedade *Igreja*, nem em seus recursos cultuais ou sacramentais. Igualmente, proíbe toda e qualquer idolatria da sociedade, da política. Proíbe qualquer nação de ser o centro do mundo, de querer dominar as demais nações. Não reconhece uma autoridade que subjuga o indivíduo à sociedade, à raça, à produtividade, ao dinheiro ou a qualquer coisa. É bem verdade que introduziu um elemento de desagregação – foi isso que Maurras censurou ao Evangelho, enquanto admirava profundamente o catolicismo, a ordem do Império Romano que havia sido salvaguardada na hierarquia da Igreja romana. Talvez seja por isso que uma Igreja fiel ao Evangelho será sempre perseguida. Mas é na recusa a submeter-se às ordens dos poderosos deste mundo que ela será uma escola de libertação para todos os perseguidos. O cristão sempre faz perguntas, põe tudo em questão, inventa novos caminhos: *"É para a liberdade que Cristo nos libertou"*, disse São Paulo aos gálatas (5,1).

Isto implica, portanto, que o cristão praticamente é levado a entrar em conflito com o mundo – o mundo como organização social...

Uma conclusão precipitada, formulada em termos muito genéricos. Do modo em que você a está formulando – um conflito necessário com a organização social – o cristão pareceria ser um homem anárquico. Você também pode reler São Paulo na Carta aos Romanos: "Todos se *submetam às autoridades* que exercem o poder, pois não existe autoridade que não venha de Deus" (13,1). Embora perseguidos por imperadores pagãos, os primeiros cristãos garantiam obediência às leis do Império e a qualquer pessoa que exercesse autoridade legítima.

Por outro lado, se você está querendo dizer que qualquer organização política, social ou econômica, enquanto tem o monopólio da força, sempre corre o risco de abusar do poder, e então terá de se confrontar com a vigilância e a resistência da parte dos cristãos em nome do Evangelho, eu lhe dou razão. Há uma instrução muito preciosa dada por Paulo aos cristãos de Roma, antes de ordenar-lhes a que se submetam às autoridades: "Não vos conformeis ao mundo presente, mas sede transformados pela renovação da vossa inteligência" (Rm 12,2). Comentando esta frase, Alain Badiou demonstra que ali se encontra tanto a base do sujeito particular quanto o fundamento do universal, pois todo conformismo está restrito à particularidade; assim, é preciso tomar coragem de deixar de lado os costumes para se tornar um indivíduo livre e abrir-se a um novo pensamento, em que os outros poderão reconhecer-se; é por intermédio do trabalho incessante do pensamento que se constrói o verdadeiro universalismo.

Como bem compreendeu a *Carta a Diogneto*, o Evangelho convida o cristão a tornar-se "cidadão do mundo". Assim, leva-o para dentro do terreno político, social, econômico, à construção da cidade terrena, ordenada ao bem mais geral da humanidade. Mas, como qualquer organização social tende a um bem particular em confronto com outros particularismos, o cristão é posto na posição desconfortável de contribuir para esse bem, ao mesmo tempo em que o visa *de outra maneira*. É assim que vejo o "conflito com o mundo" de que você fala: o cristão deve empenhar-se num serviço a este mundo, e ao mesmo tempo desvincular-se dele, porque não joga o mesmo jogo deste mundo contra o outro. Aliado perturbador, estará sempre em desacordo com aqueles que erigem as regras do jogo para seu benefício: "Não vim trazer a paz, mas a espada", disse Jesus (Mt 10,2).

E, na medida em que as exigências – ou imperativos, ou vocações – do crente entram em conflito com as exigências do cidadão histórica e geograficamente situado, como resolver o debate – um debate íntimo desta vez?

Não há uma resposta *a priori* a esta pergunta. As questões mais sérias a que temos de responder, tanto no cristianismo como na sociedade política, não têm uma resposta pronta. A resposta está na busca, na "*renovação do pensamento*", como Paulo disse. Será preciso começar a procurar a resposta junto com outras pessoas, ou também podemos dizer que nós a fazemos, nós a fabricamos. A verdade está lá, é feita. A esse respeito, é bom que o cristão sinta a contraposição, aquela que ele leva aos outros, aquela que lhe é trazida dos outros. É isto que o ajuda a encontrar sua própria verdade, que nunca será *apenas* sua. A verdade da ação do cristão está ligada com o desconhecido da verdade teológica da sua fé. Quem é Deus? Nós o saberemos quando o virmos face a face. Por ora, podemos dizer: Deus é esta força que nos leva adiante e nos impacta, que nos põe a serviço dos outros, e que nos leva a pôr e enfrentar as novas questões que parecem vitais para toda a humanidade.

Mas, então, o que fazer, aonde buscar ajuda quando sentimos que essa força nos está abandonando, ou que está se extinguindo em nós?

Ela jamais nos abandona completamente, no sentido de nos dar o poder de sair dessa situação. Quando nos faz procurar as verdadeiras questões e as verdadeiras respostas, é precisamente ali que sentimos o socorro que nos vem de Deus. O que esperamos dele não é uma ajuda material que iria transformar as coisas, e que ao mesmo tempo nos dispensaria de empenhar-nos na busca e na ação. Não... Deus me faz tomar ciência de minhas responsabilidades no mundo, do fato de que ele conta comigo para fazer aos outros o bem que ele lhes destina. Ele me faz sentir meu dever para com os outros, envia-me ao mundo, sempre além e para mais longe, e dá-me a força de avançar sempre.

A fé é esta força que Deus nos dá para não ficarmos presos às respostas feitas, para sair da mesmice, dos meios já conhecidos, para caminhar em sua direção, ir a ele que está sempre além. "*O que é Deus? Quem é Deus?*": é a questão eterna que perpetuamente coloca o cristão de volta no caminho dos homens.

A partir dessa perspectiva, podemos dizer que Deus é uma busca perpétua e infinita da verdade e da justiça? Mas será que isso é suficiente?

Sim, podemos afirmar isso. Mas será que isso é suficiente? Talvez devêssemos acrescentar que Deus não deixa de nos fazer encontrar aquilo que ele nos permite buscar de forma inesgotável. É isto que sugere a definição proposta pelo Evangelho, *Deus é amor*. Diria, portanto, que Deus é a fonte de amor que está no homem e que o fez evoluir e crescer desde as origens; tirou-o da animalidade, depois o tirou de seu enquadramento numa família, num clã, numa tribo; foi expandindo cada vez mais o indivíduo e o fez tomar consciência de sua dignidade e da dignidade do outro, até alcançar pouco a pouco a dimensão da universalidade.

Deus é a fonte dessa força que experimentamos, que é exigência e poder, e que eu chamo de fé – mesmo que não venha expressa numa declaração dogmática ou na filiação a uma instituição particular.

A priori **pode parecer contraditório, ou de qualquer modo paradoxal, que no campo cristão, por um lado, o homem seja feito à imagem de Deus, e, por outro, seja marcado pelo pecado original...**

Mesmo sem levar em conta a discussão sobre sua origem e as definições que lhe podem ser dadas, o pecado original é o pecado *universal*, mas que conduz a um universal mau, ao reinado do individualismo e do particularismo, em oposição ao que falávamos há alguns momentos citando São Paulo, ao crescimento da pessoa que vai tomando as dimensões totais da humanidade. O pecado original parece ser tudo aquilo que fecha o ser humano sobre si mesmo, lança-o de volta ao passado, à reincidência no prazer imediato, faz com que ele se contente com sua pequena felicidade diária. É uma força de inércia que o impede de crescer e evoluir, de se abrir ao chamado dos outros; é também a inveja, o ciúme da felicidade do outro, o mau desejo de roubar o seu bem. Este desejo pode dar-lhe a força errada de querer combater o outro, roubá-lo, reduzi-lo à escravidão. E essa força pode tomar conta de um clã inteiro, um país inteiro, uma sociedade inteira, fazer com que entre na ilusão de querer dominar outros povos, e mesmo o mundo inteiro, a sanha de derramar o sangue de seus semelhantes. Falamos do pecado "original", porque o encontramos em ação em todos os lados, vemo-lo rastejando e renascendo em toda parte, no passado distante dos povos e no início de cada vida individual.

Os filósofos definiram-no como um mal fundamental ou radical, como "secessão" ou "divisão das consciências". É o fato de os seres humanos não conseguirem expressar um verdadeiro "nós", no qual todos os "eus" a seu redor pudessem florescer e expressar-se harmoniosamente. Ou o *ego* se expande até chegar a um *nós* exclusivo: nós, os franceses, em oposição aos alemães; nós, o povo da nossa classe, para distinguir-nos dos ínfimos. Ou, então, o *nós* que abole o *eu*: a família que impede a emancipação dos filhos, a sociedade tirânica que não tolera diferenças. No dogma católico, o pecado original é o que impede a humanidade, criada à imagem do único Deus, de alcançar a unidade, e o indivíduo, destinado a tornar-se filho de Deus, de assumir sua plena dignidade de pessoa humana. O "mundo presente", ao qual não nos devemos "conformar", afirma Paulo, é este mal que nos consome desde o nascimento – não um mal incurável, uma maldição, uma fatalidade que nos persegue – e que nos penetra vindo do exterior, de todos os lados, em virtude dos vínculos de solidariedade que nos unem aos seres humanos de todos os tempos e lugares.

Mas inevitavelmente, para que um dia, se é que isso seja possível, os homens possam se exprimir todos através de um único "si-mesmo", que poderíamos chamar de consciência de sua humanidade una e comum, foi, é e será ainda necessário que todos e cada um comece sempre dizendo "eu", esta que é a primeira tomada de consciência do indivíduo. Ao fazer essa observação, Hegel conclui que o mal originário carrega consigo a esperança de sua redenção, fazendo eco da liturgia da Sexta-Feira Santa, que canta: "Ó *feliz culpa* (de Adão), que nos mereceu tal e tão grande Redentor". Por isso, não dizemos que o dogma do pecado original contamina e enluta para sempre a memória da humanidade, extinguindo de uma vez para sempre a esperança de os homens superarem os males que os afligem. Temos de ler o pecado do "primeiro homem" como o faz São Paulo, opondo-lhe imediatamente a figura de Cristo (Rm 5). A crença no pecado original não é exclusividade do cristianismo; vamos encontrar mitos parecidos com esses na maioria dos relatos sobre a criação; ali se exprime a consciência que os seres humanos têm de serem vítimas de um mal do qual também são culpados, mas que é igualmente o resgate de sua grandeza. O cristianismo, porém, lhes dá a esperança e a certeza de que acabarão por escapar a este mal, pois, sendo todos solidários em "Adão", também são solidários em Cristo, e partilharão de sua vitória sobre a morte na medida em que também tomarem parte de sua luta contra tudo o que oprime e degenera a humanidade.

Qual é a força de apoio que Jesus nos dá hoje num mundo que idolatra o consumo e a ganância, qual é a vantagem de olhar para a vida em seu seguimento como uma luta na qual fatalmente haverá vencedores e vencidos? Ele é nosso apoio, porque nos mostra que a ressurreição surgiu de sua morte e que conosco acontecerá a mesma coisa. Aceitando a morte da qual era ameaçado, renunciou ao sucesso que poderia esperar; combateu o bom combate e sustentou até o final a missão de que se sentiu investido. Sentiu-se abandonado pelo próprio Deus, mas não quis pedir ao Pai que interviesse a seu favor; demonstrou assim total confiança entregando-se à morte. Despojando-se do particularismo do eu, "acabou" sua vida "cumprindo-a" até o fim, na plenitude de um "para nós" universal. Por isso, sua morte transformou-se em fonte de vida, do mesmo modo que a ordem cósmica brotara do caos original: "ó feliz culpa...".

O cristão vê o declínio atual da Igreja, que vai se esvaziando de seus fiéis e cuja fé está desertando do mundo, do mesmo modo que lê a morte de Jesus: como esperança e promessa de que as sementes evangélicas, saindo da sua clausura, se difundirão no mundo para a sua salvação. É a fé que alimenta essa esperança. Mas o fato de a fé não morrer, apesar da nossa falta de fé, de que ela renasce constantemente das dúvidas que vão nos surgindo de novo a cada dia, eis o que sustenta a esperança do cristão e dá-lhe a certeza da sua vitória final sobre o mal e o sofrimento.

Para que servem os dogmas, a não ser para obscurecer o que a fé revela, como por exemplo o senhor a está expressando de maneira extremamente difícil mas muito clara?

Ainda não tenho uma ideia formada sobre isso; é algo para o qual ainda preciso refletir. Não se deve aumentar a importância das formulações dogmáticas: os cristãos dos três primeiros séculos se contentaram com isso; no século IV foram introduzidas algumas palavras mais explícitas no símbolo da fé (o então Símbolo Niceno-constantinopolitano); a primeira definição propriamente dita só aparece em meados do século V (em Calcedônia), o que acabou criando diversos cismas; atualmente os historiadores estão começando a questionar se essas definições eram realmente heréticas.

Mas, por outro lado, é perigoso pôr o passado em julgamento, visto que os dogmas não apareceram sem razão. Talvez não devamos apresentar a questão: "*para que servem?*", implícita em nós hoje, tentando responder que devem ter tido alguma serventia em algum momento, que foram entendidos de modo apropriado, mas que agora deveriam ser expressos de outra forma, a fim de não serem mal compreendidos e possam realmente alimentar a fé. Por exemplo, dizer que Jesus é *consubstancial* ao Pai foi útil para demonstrar que ele partilhava plenamente a divindade com o Pai, numa época em que o vocabulário ontológico era usado para negar essa verdade; mas isto já não corresponde às necessidades espirituais do nosso tempo que desconfiam da linguagem metafísica, nem para os crentes que preferem aderir à linguagem das Escrituras. Talvez se possa deixar ao encargo deliberado dos fiéis procurar outras expressões, mais livres e mais plurais.

O problema é que a Igreja defende suas declarações dogmáticas como irreformáveis, como se fossem verdades diretamente provenientes da boca de Deus; falta-lhe o sentido da historicidade da linguagem humana, e portanto da sua relatividade. O que foi dito pela e na Igreja deve guiar sempre a fé do cristão, e sobretudo do teólogo, mas não a restringir. Há outras coisas a serem ditas, não contra o que foi dito, nem para negar nem para rejeitar o que foi dito; são coisas extremamente importantes a serem ditas hoje àqueles que perguntam "*Quem é Cristo?*". Por exemplo, afirmações como as que dizem que Jesus foi gerado *desde toda eternidade*, que não nasceu de uma semente humana, são fatalmente compreendidas como se quisessem dizer que Ele não era um homem semelhante a nós, saído de nossa raça, plenamente solidário com nossa humanidade e com nossa história. Se no passado falávamos assim para sustentar que ele é o verdadeiro Filho de Deus, sem que essa linguagem prejudicasse a compreensão da sua verdadeira humanidade, pois a antropologia era diferente da nossa, é urgente que hoje se fale de um modo diferente para defender a mesma fé em Cristo.

Numa época em que se vê a Igreja suspeitar das investigações da exegese histórica, corre-se o terrível risco de parecer querer impor os dogmas, mesmo contra a verdade da história, de não aceitar os mesmos critérios de verdade que a ciência do nosso tempo, ou até mesmo de se eximir da demonstração racional da verdade. Pode ser um tanto perturbador para o crente o fato de a exegese histórica dar a Jesus um rosto ao qual ele não fora habituado pelos ensinamentos da fé. Mas sob esse retrato inesperado poderá aprender a reconhecer o mistério de Jesus, revelado a ele pela fé, sem rejeitar o rosto traçado pelas investigações históricas. Os Evangelhos são narrativas crentes, interpretam o que relatam. A restituição da verdade da narrativa pelo historiador não invalida a interpretação dada pelo evangelista, nem vice-versa, porque ambos revelam perspectivas diferentes: o evangelista diz a verdade pela fé naquilo que aconteceu, mas que não pôde ser visto ou compreendido efetivamente, e que então ele narra de outra forma para fazer transparecer sua verdade.

A dificuldade da Igreja em mudar de linguagem deve-se à consciência de ser *infalível*. Mas o que isso significa? Que a assistência do Espírito Santo a preserva de levar seus fiéis a um erro que ponha em perigo sua salvação eterna. É isso em que se deve acreditar. Isso não a impede de cometer erros; hoje a Igreja consegue aceitar e reconhecer ocasionalmente esses erros, como é o caso da condenação de Galileu ou de Jan Huss. Ela tinha toda a razão em fomentar a confiança dos fiéis nela em momentos em que estes não podiam renovar sua fé diretamente a partir das Escrituras. Mas os tempos mudaram, e os fiéis sabem que toda e qualquer linguagem humana pode caducar. É por isso que a fé já não precisa de uma linguagem intangível. Há expressões tradicionais que não é necessário e nem seria bom que fossem alteradas. Mas também não é bom repetir fórmulas que já não são compreendidas. Por exemplo, um programa recente feito por Prieur e Mordilat zombava do "canibalismo" que representaria a Eucaristia se a gente compreendesse a palavra *transubstanciação* ao pé da letra. Uma definição válida em certa época, mas que agora é compreendida de modo diferente, acaba traindo a verdade que buscava expressar. Assim, seria necessário fazer triagem no vocabulário dogmático.

Mas por ora não devemos sonhar... Pode ser uma questão de revisitar o Vaticano II, mas sem ir mais além...

Para expressá-lo de forma mais radical, pode-se dizer que a adesão ou não aos dogmas tal como são formulados hoje já não é um critério para ser cristão?

Sim, concordo! Em meus livros mantenho os dogmas da Igreja, mas eu os reinterpreto. Não acredito neles – não os recebo – *como foram formulados*, mas tento pensá-los do modo como foram cridos. Da formulação conciliar que receberam, ao revisitar a *tradição* anterior mantenho a fé que a inspirou. É esta fé que tento traduzir em outros conceitos, outros modos de raciocínio e expressão, sem rejeitar a linguagem do dogma.

Com efeito, a Igreja não pode ignorar que perderia inúmeros fiéis se rejeitasse aqueles que não subscreveram em bloco o catálogo de seus dogmas. Pesquisas recentes revelaram que católicos, que se declaram como tais, colocam em dúvida ou até negam pontos fundamentais de fé, como a divindade de Cristo ou a ressurreição dos mortos. Há ainda maior incerteza quando se fala de práticas religiosas que caracterizam a verdadeira pertença à Igreja: antigamente, exigia-se a participação à missa todos os domingos, depois baixou-se essa cifra para uma vez por mês, e agora bastam algumas vezes por ano. Ser tão exigente com as fórmulas dogmáticas é um formalismo; além disso, é mesmo hipocrisia querer perseguir teólogos que se afastam dos códigos linguísticos ignorados pela maioria dos fiéis, a menos que com o passar do tempo tenham se tornado motivo de zombaria.

Você ama concretamente o próximo, procura Deus com todo o seu coração, perdoa aqueles que o feriram? Estes são os primeiros critérios que caracterizam o ser cristão, a partir dos quais o cristão deve julgar-se segundo o Evangelho. E se um vizinho muçulmano ou agnóstico se pauta pelos mesmos critérios, ótimo! Tanto melhor, reconheçamos com Jesus que o Reino de Deus se aproximou dele.

Como disse Pierre de Locht, usando outras palavras, o coração da vida cristã não está sobre o altar, mas no mundo?

Esta fórmula vale tanto quanto as fórmulas dogmáticas! Para mim, de bom grado coloco como centro de minha vida cristã o amor de Cristo, mas sei que só o amo concretamente nos outros, e sinto que o meu amor ao próximo se revitaliza na minha fé em Jesus. E se por *altar* se compreende a mesa da Eucaristia, não devo me esquecer de que ela me reenvia ao mundo para um dia reunir à sua volta toda a família humana unificada no Reino de Deus.

Quando o senhor diz que a fé em Cristo permite uma renovação, o que quer dizer concretamente com isso? Que tipo de renovação é essa?

Com isso quero dizer que eu mesmo não sou um homem mais realizado que qualquer outro que não tenha fé, não tenho mais caridade que ele, não sou mais dedicado ao serviço do próximo; se me escutasse, cuidaria tranquilamente de meus pequenos afazeres, sem me preocupar com outras pessoas, e sem má consciência, porque sei que não consigo mudar a face do mundo por meus esforços. Mas ao mesmo tempo ouço em mim uma voz que fustiga minha preguiça e meu egoísmo, sinto uma força que me empurra para fora, ao encontro dos outros, uma ternura desconhecida que me leva à solicitude fraterna daqueles que sofrem. E mesmo que eu tenha cedido ao egoísmo ao longo dos anos, a mesma voz está constantemente me despertando, a mesma força conduz meus passos ao encontro do outro, o mesmo sentimento de fraternidade faz-me simpatizar com seu sofrimento. Então, entendo que o amor ao próximo não tem sua fonte em mim, mas se renova todos os dias em minha fé em Cristo quando medito seu Evangelho.

A caridade não é uma força natural, mas sim Deus a inseriu no coração do ser humano, criando-a à sua imagem. Ela não provém da ordem cósmica, não está no reino animal, ela é nossa semelhança com Deus. Por isso, não acho que seja uma exclusividade do cristão; pelo contrário, gosto de pensar nela como o princípio da salvação universal de cada ser humano que responde ao chamado transcendente para se tornar próximo do outro, para cumprir sua humanidade além de si mesmo, na doação de si mesmo ao outro, a fim de que "todos sejam um" como o Pai e Jesus. Mesmo em quem não crê, cada ato de verdadeiro amor ao próximo renova-se "nesse amor dirigido a Deus, que vem de Deus, e que é o próprio Deus", como dizia Agostinho. Mas é muito difícil entregar-se a esse amor para quem fecha os ouvidos ao chamado da transcendência. É por isso que eu disse que renovo esse amor na fé em Cristo cada vez que olho para o rosto daquele que em sua morte se tornou o próximo de cada homem e que nos deu a medida superabundante do dom de si mesmo.

Em outras palavras, o amor salvífico não é o altruísmo puro – não causar dano ao próximo – nem o mero humanismo – reconhecer a dignidade de cada ser humano; é isso e não é ao mesmo tempo, visto que é sempre mais e muito mais que isso, porque não espera nada em troca, é sem cálculo e sem medida, pura gratuidade de doação de vida, assim como ela é recebida. Um sentimento de gratidão pela vida recebida de outro lugar, de admiração pela beleza da humanidade que cria inter-relações entre os seres humanos mediante o sacrifício mútuo; é o que alimenta sempre de novo a capacidade de amar que vem da graça da criação. O cristão a encontra na "*fé que age pela caridade*" (Gl 5,6), aquela que não só grita "Senhor, Senhor", mas reconhece a face de Cristo no rosto do irmão sofredor.

Na última conversa que tivemos, o senhor dizia preferir compreender a fé como um espaço de liberdade, e que infelizmente isso não acontece. Então, em que medida e em que condições a fé pode se tornar um espaço de liberdade?

A fé não é um espaço de liberdade enquanto está historicamente inscrita em declarações imperativas, alocadas institucionalmente sob o controle de um magistério, e quando para muitos se reduz a injunções cultuais – frequentar a missa, confessar-se. Fala-se então de crenças, de práticas e de religião no sentido que expliquei na entrevista anterior, mais que de fé no sentido próprio da palavra. Porque nada há mais livre que a fé tomada em si mesma: é a resposta ao chamado de Jesus para segui-lo, a confiança que se tem em Deus como Pai, a inventividade da caridade, a esperança do Reino.

Caso se refira à fé dogmática, institucional e religiosa, repito que esta deixa pouco espaço de liberdade para o cristão; todavia, alargar esse espaço é tarefa de todos. Não criando para si um pequeno *credo*, de acordo com nossa conveniência, uma vez que já disse que a expressão da fé está ligada a uma tradição. Mas pela "renovação do vosso pensamento", como nos encoraja Paulo: instruindo-se nas questões da fé, mediante o debate e o discernimento comum, ousando falar na Igreja, promovendo a formação de uma "opinião pública". Devemos aprender a transformar: mudar, compreender e viver de outra forma a relação da tradição com o dogma, da fé com as Escrituras, do povo de Deus com a autoridade, da "religião em espírito e verdade" com o culto.

Acima de tudo é necessário transformar-se: não se esquecer que a fé será tanto mais viva quanto menos ficar restrita ao recinto do cristianismo, quanto mais for proclamada aos quatro ventos, e quanto mais livre, tanto mais forte, mais bem exercida.

Terceiro dia

DE UMA IGREJA PARA OUTRA

Fragmentação do catolicismo
Uma ortodoxia prenhe de questões do papa
Vaticano II: avanço e recuo
O papel de Pedro
Para um bom uso da tradição e da Bíblia
De uma Igreja de clérigos à Igreja do povo de Deus

A paisagem espiritual contemporânea é marcada pela fragmentação. Ela pode ser vista pelo surgimento, já há vários anos, de um conjunto de novos movimentos religiosos; mas a fragmentação permeia também as religiões institucionalizadas, incluindo o catolicismo, entre integralistas, europeus não conformistas, cristãos da África ou da Ásia... O que isso diz ao senhor?

Em primeiro lugar, diria que devemos relativizar esse juízo à luz da história da Igreja: ela não deixou de se fragmentar no decorrer dos séculos do mesmo processo que a fazia se difundir em vários lugares, povos e culturas. Por várias razões, em que as questões de poder estavam ligadas a questões de ritos, ou doutrinas, ou simples e talvez mais profundamente a diferenças de costumes e civilizações; sem falar nas novas concepções que surgem na consciência humana e que levantam questões no campo religioso – assim, quando as descobertas astronômicas começaram a levantar dúvidas sobre o fato de que o Sol gira em torno da Terra, isso colocou a Bíblia em aparente contradição com a ciência, destronando o ser humano do lugar que ele acreditava ocupar no centro do universo.

Desde seu início, a Igreja vem se fragmentando: ela construiu sua unidade separando-se de várias seitas denunciadas como heréticas ou cismáticas, muito antes da ruptura mais séria e decisiva entre as Igrejas do Ocidente e do Oriente, uma ruptura cujo aspecto cultural é impressionante, porque apresenta como ponto principal uma disputa linguística entre o latim e o grego: como se compreender entre cristãos que deixaram de falar a mesma língua?

Outra fratura menos ruidosa, mas bem mais insidiosa e duradoura no que diz respeito à fé, surgiu nas origens mais distantes do que iria ser chamado de "modernidade", quando a cultura ocidental começou a se separar da tradição que lhe dera sustento até então: enquanto a fé continuava a alimentar-se exclusivamente de suas Escrituras e das doutrinas dos "Padres da Igreja", que se constituíam em autoridade até em virtude de sua antiguidade, foi surgindo um novo pensamento, baseado na observação, na dúvida metódica, nas hipóteses de investigação: a Igreja se debruçava novamente em seu passado à medida que a racionalidade ocidental ia se afastando dela e adquirindo novos conhecimentos.

Um primeiro efeito dessa mudança na estrutura da Igreja foi o movimento da Reforma, que dividiu o cristianismo em Igrejas protestantes e em Igreja católica romana, colocando em oposição as Escrituras, consideradas única fonte da revelação, e a tradição, relegada à categoria de interpretação contingente – uma separação cujo aspecto cultural é flagrante, uma vez que dividiu o Ocidente em mundo latino e mundo germânico.

Hoje em dia a Igreja está fragmentada em pequenos grupos por razões internas, mas que refletem o individualismo reinante: tradicionalistas, católicos fiéis ao Vaticano II, aqueles que têm uma prática regular e aqueles que ocasionalmente frequentam assembleias religiosas, cristãos "críticos" e cristãos mais emancipados que vivem à margem... E deve-se acrescentar que este movimento de desagregação é comum igualmente a outras Igrejas cristãs, por exemplo no caso dos protestantes americanos que se dividem entre fundamentalistas e carismáticos.

Então você me pergunta o que penso quando vejo esse movimento geral de fragmentação?

Primeira reflexão: Há uma retração generalizada da religião. A religião perdeu seu papel de guia e unificador da sociedade. Ao mesmo tempo vai se afrouxando a ligação interna de cada formação religiosa, e as Igrejas vão se fragmentando em múltiplos grupos. A religião está na origem de todos os grupos humanos, sua função é criar um vínculo que una os membros do grupo. Quando esse vínculo se transforma num Estado, que cuida das necessidades da maioria dos cidadãos, a religião – a Igreja – perde sua utilidade social, e isso tem duas consequências: por um lado, muitos de seus seguidores deixam-na, pois já não têm interesse em frequentá-la; por outro lado, aqueles que permanecem tendem a dividir-se em diversos grupos, porque ela perdeu sua autoridade e seu poder de mantê-los unidos.

A segunda reflexão que essa situação me inspira, no que diz respeito à Igreja católica, é que estamos num momento de passagem. Estamos a caminho de alguma outra coisa, outra maneira de fazer Igreja, o que não é nenhuma tragédia. Qualquer mudança, é verdade, tem um aspecto preocupante porque produz rupturas, lacerações, fraturas; e estas palavras, próprias da terminologia do corpo, evocam em si mesmas sofrimento e perigo. Mas essa evolução marcará o surgimento de uma era nova, difícil de imaginar ainda para a Igreja ou para a fé cristã, uma evolução que não precisa ser necessariamente algo catastrófico. Não tenho em mente uma retomada do poder sobre a sociedade que a Igreja perdeu; seria outra maneira de se situar no mundo e de manter sua unidade.

Pode ter menos visibilidade, porque sua visibilidade atual está largamente ligada à estrutura hierárquica e clerical; ora, a hierarquia da Igreja perdeu grande parte de sua credibilidade interna e externa em razão do excesso de poder sobre os fiéis e em relação à sociedade, e o clero, com cada vez menos adeptos, em breve será incapaz de assumir sozinho todos os postos de autoridade e responsabilidade que lhe foram atribuídos. A maior visibilidade da Igreja passará, então, para o campo leigo, pois haverá cada vez menos clérigos e será preciso confiar cada vez mais postos de responsabilidade aos leigos. A Igreja terá menos visibilidade, devido ao declínio acentuado do número de seus fiéis; terá uma visibilidade diferente, mais discreta, ouso dizer, visto que a predominância de leigos não a diferenciará mais fortemente do resto da sociedade, imprimindo-lhe um rosto com caráter menos religioso, menos cultural e ritual.

Em termos de ação e pensamento, a maior visibilidade será dada não ao catolicismo como religião, ou seja, a um grupo constituído principalmente para a celebração do culto e de cerimônias rituais, mas como Evangelho, isto é, a um grupo de pessoas que está principalmente preocupado com a compreensão e a prática do Evangelho, tomado como ideal da vida humana e regra de comportamento entre indivíduos e sociedade. Admito que essa evolução me enche de esperança, mesmo que haja menos pessoas que se digam católicas. Mas a ideia de que há tantas pessoas saindo da Igreja ainda me deixa preocupado. Não que acredite que o fato de abandonarem a Igreja os leve direto para o inferno – porque não acredito que Deus irá perseguir com sua ira aqueles que o esqueceram –, mas porque a perda de toda a vida espiritual os colocaria em perigo de se afundarem cada vez mais na morte, se for verdade para os crentes que somente há vida eterna na união com Deus. Os teólogos vão encontrar aqui assunto para uma séria reflexão: aqueles que abandonaram ou até mesmo rejeitaram toda a fé cristã podem se beneficiar ainda da salvação que a Igreja oferece a seus fiéis? Ainda mais grave é a questão: a Igreja estará isenta de qualquer responsabilidade para com aqueles que a deixaram, às vezes por sua própria culpa? Mas o que ela pode fazer por aqueles que já não esperam mais nada dela? Como pode restabelecer os laços com eles? Trata-se de uma questão que eu próprio tento resolver, procurando outra definição de religião e de salvação, ou melhor, de articulação da religião com a salvação, ou talvez, de forma ainda mais ampla, outra compreensão da missão da Igreja, mais voltada para a humanidade do ser humano.

Quando olhamos para o mundo católico, podemos ver esta diversidade de posições e sensibilidades religiosas, mas o fosso parece tão grande e tão insuperável, por exemplo entre os chamados cristãos progressistas e os ligados ao Vaticano II e aos integralistas, e que acabaram sendo reintegrados por Bento XVI, e que temos certa dificuldade em definir o que significa "ser católico". Poderia falar-nos sobre isso?

Para mim, a palavra "católico" abrange o aspecto universal do mundo "cristão". Para compreender o que significa "mundo cristão", eu me reporto a Jesus; reconheço que Jesus é Cristo, isto é, enviado de Deus e Filho de Deus. Mas pela palavra "católico", tento dar à minha fé em Cristo um alcance universal. É provável que na mente de muitas pessoas e fiéis essa palavra evoque prioritariamente o Magistério da Igreja romana. Prefiro tomá-la em primeiro lugar em seu sentido etimológico, que significa "universal", "que se difunde por todos os lugares", e que se refere ao propósito universal da missão que Jesus confiou à sua Igreja: ela deve dirigir-se aos homens e às mulheres em todos os países e em todas as culturas e condições sociais, e deve olhar para o ser humano como um todo, a tudo que é humano.

Recolocando em seu devido lugar esse ponto capital, podemos deter-nos agora a refletir sobre o sentido mais estrito, mais específico, da palavra "católico", associado com a palavra "romano". O dogma associa, até mesmo identifica essas duas palavras, para afirmar que a Igreja que leva estes dois nomes está ligada a Cristo por uma sucessão – chamada "apostólica" – de bispos descendentes dos apóstolos de Jesus, na liderança dos quais está o bispo de Roma – sucessor de Pedro, chefe do colégio apostólico – como garante da unidade da Igreja difundida por todos os lugares e de sua continuidade ininterrupta no tempo desde a época de Jesus. Ser católico nesse sentido bem preciso tem, portanto, o interesse de se situar verticalmente numa linha histórica de fidelidade a Jesus Cristo, na continuação de um acontecimento histórico em que Deus apareceu num homem, por meio do qual ele se ligou à história humana; e horizontalmente de estar ligado a todas as Igrejas, a todos os povos, a todos os crentes que reivindicam a mesma ascendência histórica segundo a fé.

Neste sentido, reconheço a necessidade da hierarquia eclesiástica, chamada sucessão apostólica ou episcopal, encarregada de manter a continuidade da tradição da fé dos apóstolos através do tempo e da unidade da fé, com a fraternidade que dela procede, entre todos os cristãos espalhados pelo mundo. Isso não legitima os abusos de autoridade cometidos em nome da sucessão episcopal nem a uniformidade imposta em todos os lugares do cristianismo em nome da tradição apostólica. Isso legitima simplesmente o princípio da autoridade "romana" e a primazia da tradição "católica".

Ontem, e talvez ainda mais hoje, muitas pessoas que afirmam ser católicas seriam incapazes de dar um significado preciso a pontos essenciais da doutrina cristã – por exemplo, a encarnação. Colocando uma questão bem radical, pergunto: eles ainda são cristãos? Será que o seu cristianismo não é apenas uma espécie de marca de identidade? E uma pergunta ainda mais radical: há cristãos que conhecem todos os pontos da doutrina cristã e creem neles? E o senhor mesmo, o senhor aceita sem reservas todos os pontos da doutrina cristã, tal como hoje são formulados pelo Magistério?

Como estão formulados, certamente não! Eu os penso de forma diferente, não lanço anátemas contra as antigas formulações, mas digo: "Eis como se pode pensá-los hoje, permanecendo um crente". O que eles representam no conjunto das verdades cristãs como um todo? Na verdade, há uma grande variedade de opiniões, e há dogmas fundamentais que são rejeitados por vários cristãos. Por exemplo, há aqueles que dizem crer em Cristo, mas não creem na ressurreição dos corpos – que está intimamente ligada ao evento de Cristo. Isso demonstra que há uma grande confusão de compreensão. Também mostra que se colocou muita ênfase nos dogmas, e não o suficiente no Evangelho: a fé não se alimenta do dogma. Os dogmas foram formulados para manter certa linha de pensamento, eu diria, um discurso comum, aquilo que significa a palavra *ortodoxia*: ou seja, deve-se dizer a mesma coisa, usar a mesma linguagem para evitar divisões excessivamente frontais. Mas a fé só pode ser renovada se voltar a assentar suas raízes no Evangelho. Para mim, esta é a coisa mais importante no momento: dar a palavra aos cristãos, deixá-los fazer suas perguntas, mesmo que sejam muitas e inquietantes, sobre o tema da revelação, mas acima de tudo sobre o Evangelho, e permitir que eles recuperem a fé a partir do Evangelho. Nesse sentido, devemos também acolher a exegese histórica, crítica, que está em pleno andamento hoje. Com certeza não vai ser essa exegese que trará de volta à fé aqueles que dela se afastaram, mas pelo menos não se pode rejeitá-la sem admitir tacitamente que há certas verdades que não se quer ver! A verdade histórica não pode ser banida.

Para esclarecer esse ponto, em que se deve crer para ser um católico como um *cristão voltado para o universal*; em que se deve crer, na visão do Magistério?

Quando ouço essa e outras questões do mesmo gênero, tenho vontade de romper o acordo que tenho com você. Isso porque você está me pedindo uma definição completa da fé, de preferência posta em fórmulas. Foi acordado inicialmente que você não entraria nesse tema, porque para mim a fé não se encaixa em fórmulas. Caso contrário, eu poderia responder-lhe que já abordei todas essas questões em meus livros, nas mais de 2 mil páginas, e remetê-lo a eles. Mas a verdade é que eu ainda me interrogo sobre as mesmas questões que pensei já ter respondido amplamente. A fé sempre poderá ser questionada, e via de regra porque ela nos questiona sobre nosso sentido da vida, da verdade, da história. Afirmar que procuro responder a essas questões significa simplesmente que me reconheço questionado pela fé e incapaz de dar-lhes razões, incapaz de responder a todas as dificuldades que a razão da modernidade, da qual faço parte, traz dentro de mim mesmo à fé que eu gostaria de defender, incapaz de responder ao mistério de Deus e à sua manifestação em Jesus Cristo. Então, parece uma empreitada inútil querer encaixar em fórmulas as respostas a perguntas que não cessam de aumentar. É por isso que, tendo acabado de concluir um livro, já faço planos para escrever outro – que realmente está em andamento – para verificar novamente as respostas e explicações que pensei ter dado e que voltam a me trazer dificuldades.

Dito isso, para me desculpar do meu humor, tentarei responder à sua pergunta, não por uma série de definições de fé, mas sim por uma espécie de visão sintética.

Temos uma regra da fé que é bem conhecida: é o que chamamos de Símbolo dos Apóstolos. Em princípio, todos os cristãos admitem esse Símbolo. Então você poderia me dizer: mas cada um o interpreta de uma maneira diferente – não absolutamente todos, é claro! Como podemos entender que Jesus é chamado Filho de Deus? Que sua mãe é chamada de virgem? Que ele morreu, depois ressuscitou etc. A partir do momento que pomos as questões de como e por que, que se trata de querer compreender, entramos no campo da inteligência da fé, ou seja, começamos a questionar essa regra da fé, procuramos refletir sobre ela, torná-la compreensível e inteligível à nossa razão, que é a mesma em nós que em todos os outros homens e mulheres, inclusive os não crentes, uma razão que questiona, suspeita e que está sempre em busca.

Mas essa regra da fé, ainda chamada de Símbolo da fé ou dos apóstolos por causa de sua grande antiguidade, não é uma suma teológica, é uma base comum. Ela se inicia com a palavra "Eu creio", que não está expressando uma opinião, mas sim um ato de confiança ao mesmo tempo que um compromisso: "Creio em Deus". Isto significa: confio que ele irá me levar à "vida eterna", que é a última palavra do Credo, e comprometo-me a seguir seus ensinamentos e preceitos para alcançar esse objetivo.

Em seguida dizemos a que Deus confiamos e somos leais: um Deus que veio a nós, que quis fazer história conosco, que se tornou presente num homem a quem chamamos de seu Filho, porque Deus o escolheu para ser seu representante entre nós, fazer uma aliança conosco e nele permanecer conosco. Esse Filho, Jesus, é da nossa raça, nascido de uma mulher, Maria, que concordou em trazê-lo ao mundo e nos presenteá-lo como nosso irmão, e é por essa razão que nós o veneramos. Este homem está bem situado na nossa história: sabemos onde e quando nasceu, onde viveu e o tipo de vida que viveu, quando, como e por que foi rejeitado por seu povo, para nos libertar do jugo das leis religiosas dos tempos antigos; depois foi condenado à morte por ordem de um governador romano, ansioso por defender a ordem pública e imperial contra a liberdade das consciências individuais, e por fim ressuscitou, isto é, retornou à vida, não neste mundo, mas em Deus, para nos abrir o acesso a ele.

Por fim, manifestamos nossa vontade de permanecer unidos a Jesus na Igreja que se fundamenta nele, unidos a ele e a todos os nossos irmãos cristãos pela participação no mesmo Espírito Santo que une Jesus a Deus, seu Pai; e declaramos que confiamos na Igreja para obter de Deus o perdão das faltas que cometemos e para nos conduzir todos juntos ao fim bem-aventurado da existência.

É isso que faz com que sejamos católicos. Em suma, por um lado trata-se da preocupação de uma referência histórica comum a Deus em

Jesus de Nazaré; e, por outro, da preocupação pela unidade de confissão da fé, atualizada pela vontade de coexistir como Igreja. O querer estar de acordo sempre está em questão, pois nossa inteligência não cessa de evoluir na compreensão do mundo, o que nos leva a questionar de novo e a reinterpretar constantemente o que Jesus nos diz sobre o mundo e sobre o modo como nos relacionamos com este mundo.

O senhor insiste bastante no vínculo da fé cristã com a história e com o mundo. Mas, então, por que razão a oração do "pai-nosso" coloca Deus no alto, acima de nós, quando nos convida a dizer "Pai nosso que estais no céu"? Os deuses pagãos dos tempos antigos viviam no mundo, entre os homens, e se envolviam com seus assuntos. O Deus cristão não é bem abstrato e distante?

Minha primeira resposta será reconhecer que o monoteísmo nasce da separação do mundo espiritual, no alto, e do mundo material, embaixo; minha segunda resposta procurará demonstrar que, em virtude da relação de inerência entre Deus e Jesus, a fé cristã acabou relegando Deus ao invisível da nossa história.

Como o monoteísmo surgiu do politeísmo, que era a forma primitiva da religião? Todos os deuses foram expulsos por nós. Todos, menos um, o mais poderoso, do qual se diz: ele não está misturado com os elementos da Terra. Foram colocados por nós no céu para dizer: ele está acima de nós, além de nós, ele é impenetrável, inacessível, se ele mesmo não tomar a iniciativa de nos visitar. Quem é esse "nós"? Esse "nós" tem se manifestado em diferentes tempos e lugares: por um lado, graças aos esforços da filosofia grega, que foi a primeira a pensar na unidade e na espiritualidade do ser divino; por outro, pela voz dos profetas de Israel, que foram os reveladores e artesões da Aliança de Deus com o pequeno povo de Israel, por meio da qual Deus preparou sua reconciliação com todos os povos do universo, e que ele a realizou em Jesus.

Eis como o cristianismo não deixou Deus nos céus, longe de nós, mas o fez presente à nossa história, sempre invisível, mas ativo e próximo de nós. Foi isso que São Paulo anunciou quando disse que Deus estava em Cristo, na cruz, *reconciliando o mundo, declarando-lhe a paz e reunindo todos os povos num só povo*. Não que Deus estivesse zangado com o mundo, mas porque os homens, que ele havia criado à sua imagem, se rebaixaram e se dividiram entre si, reportando-se a uma multidão de deuses que eles representavam à sua própria imagem. Então, Deus lhes deu a conhecer que ele não os condenava por suas aberrações, supondo que o procurassem conhecer como ele se revelou em Jesus.

Essa reconciliação de Deus com o mundo por um ato unilateral da sua vontade é um ato perpétuo da eternidade de Deus, um ato que nunca cessa de recriar e salvar o mundo da morte: Deus uniu-se à história humana para encaminhá-la a ele, nele, cuja existência é o ato de dar vida, amor, liberdade, felicidade, unidade a toda a sua criação.

Esta é a verdade do monoteísmo que o dogma trinitário exprime à sua maneira, apresentando a Deus Pai como o princípio e o fim de uma história reconciliada com ele pelo Filho, e reunida nele de todas as partes pelo Espírito Santo. Mas esta inteligência da fé deve ser sempre de novo renovada e restabelecida.

Perdoe-me certa intromissão brusca, mas, mais concretamente, em que se deve crer para ser católico aos olhos do Magistério e na visão do senhor?

Você supõe que meu modo de ver seja diferente do modo de ver do papa! E isso é óbvio, pois o pensamento da fé está sempre em busca e a caminho de sua edificação. Em primeiro lugar, não pergunte "em quê?", mas "em quem?" se deve crer: não se crê em verdades abstratas que caíram do céu, se crê em Deus, que se manifestou e continua a se manifestar dessa ou daquela maneira.

Creio em Deus que criou uma relação com os seres humanos, com a história humana, com a história dos homens em Jesus Cristo. E onde encontro isso? Nos Evangelhos. Então eu diria: primeiro, *creia no Evangelho*, que é a palavra que Deus nos dirige por intermédio de Jesus e que nos coloca em um relacionamento vivo com ele pelo Espírito Santo que a verdade de Deus infunde em nós. O próprio Jesus nos pediu para "crermos no Evangelho", ou ainda "crer no reinado ou no Reino de Deus". Mas o que isso significa? Eu não sei muito bem, exceto que este reino é o mistério do Deus que se aproxima de nós e vive conosco e dentro de nós, porque Jesus disse: "*O Reino de Deus está no meio de vós*". Este mistério, este Reino de Deus, portanto, não é relegado ao mundo das ideias; está presente ali, acontece onde vivemos. De certa forma, de um lado é o que nós cristãos retivemos do paganismo: uma ligação de Deus com este nosso mundo, o mundo dos fenômenos e das representações; e de outro, do judaísmo: um vínculo por meio da aliança de Deus com a história que fazemos e pela qual somos feitos.

O mistério da relação de Deus conosco e de nós para com ele está longe de se limitar ao âmbito religioso. Crer em Deus não é como crer no papa, crer no que ele diz, crer nisso ou naquilo. É comprometer-se com o seguimento de Jesus, viver neste mundo em conformidade com o Evangelho e fazer a história em união com todos os meus irmãos humanos.

Haveria certamente coisas mais precisas para dizer, mas por ora não posso entrar em todos os detalhes. O importante na fé é crer na Palavra de Deus, pois Deus a disse, e não o papa. O papa afirma: isto é palavra revelada; disponho-me a crer, mas talvez mais adiante eu tenha razões para me perguntar se essa palavra é realmente revelada; e é aqui que entra em jogo a inteligência crítica e onde devo apelar para a exegese histórica das Escrituras, que é também um critério de verdade que o teólogo não pode negligenciar.

Na visão da maioria das pessoas, o católico é alguém que crê no papa, ele acredita em tudo o que o papa diz, porque foi o papa que disse: "Eis aquilo em que a Igreja acredita, no que sempre acreditou, no que todos os cristãos devem acreditar igualmente onde quer que vivam". É simples e claro!

É claro que o teólogo deve preocupar-se em manter a unidade da fé entre todos os cristãos, e para isso não deve se limitar à investigação acadêmica, com a qual os crentes comuns não estão familiarizados. Essa é a razão por que nunca escrevi um livro com o tema "aquilo em que acredito". Em princípio, tento acreditar e dizer o que a Igreja acredita e diz, isto é, *o que define o ser cristão*, e não divulgar minha própria definição e compreensão da fé. Mas isso não me impede de expressar meu modo de compreender a fé da Igreja, como experimento a verdade, que nem sempre corresponde aos ensinamentos oficiais.

É por isso que minha inteligência de fé não pode se contentar em encaixar todos os pontos da fé nas fórmulas do Magistério. Houve um tempo em que o Magistério protegeu a fé por razões válidas, colocando-a sob uma fórmula precisa que representava certa inteligência da fé adequada às questões prementes e aos erros que tinham de ser erradicados na época, levando em consideração, é claro, a cultura daquele período e seus critérios de inteligibilidade e de verdade. Mas depois de certo tempo a inteligência mudou, a inteligência simplesmente, quero dizer a forma como o ser humano se situa em relação ao mundo, na história e no universo – e fatalmente a inteligência da fé também evoluiu. Assim, quando se descobriu – quando se demonstrou cientificamente – que não é o Sol que gira em torno da Terra, mas o contrário, a fé em Deus sofreu um forte abalo, parecia que a relação do ser humano e do mundo com Deus fora relativizada. E até certo ponto isso era verdade. Era necessário aplicar os novos dados da ciência, que logo se tornaram opiniões comuns, à inteligência da fé. Os cristãos não podem ter um conhecimento do cosmos diverso daquele para o qual converge a ciência hoje. Não me refiro ao conhecimento no qual a ciência se fixa, pois precisamente ela não pretende se fixar. É necessário prosseguir, aceitar seguir o avanço e não se deter no que é falso. Gostaria de afirmar a mesma coisa sobre as questões que estamos debatendo neste momento, por exemplo as questões do darwinismo.

A obediência no âmbito da fé é prioritariamente obediência ao Evangelho e a Deus. A obediência ao papa vem em segundo lugar, na medida em que ele anuncia a verdade do Evangelho ou da Escritura, que ele recorda e reformula o que os cristãos de todos os tempos creram. O papa é o guardião da tradição. Mas a tradição da fé também evolui ao mesmo tempo que a cultura. Uma verdade de fé que foi afirmada com certos termos em determinado momento da história, em que foi compreendida corretamente sem ferir os princípios da ciência ou da racionalidade da época, já não é compreendida do mesmo modo nem pode ser inteligível a uma era posterior da cultura. Não quero dizer que as definições de fé devam mudar, pois permanecem como pontos de referência e precisam ser explicadas de acordo com a ciência ou a cultura de hoje. Ainda assim, a autoridade romana deveria permitir aos teólogos e exegetas a liberdade de fundamentá-las e interpretá-las de forma diferente dos séculos passados. Sem ser iconoclasta, sem procurar transcrever as definições de fé em novas linguagens que precisariam ser alteradas de novo num curto espaço de tempo, dada a velocidade em que evoluem a ciência e a cultura, sem que cada um precise denunciar fórmulas que o desagradem e inventar novas, que outras pessoas de seu entorno iriam rejeitar tão rápida e energicamente quanto ele, não deveria ser impossível manter a linguagem tradicional, permitindo que a inteligência dessas verdades se expresse em linguagem diferente.

O papa é o guardião da tradição, encarregado da *manutenção* da verdade e da unidade da fé, mas isso não significa que ele seja responsável por mantê-la perpetuamente uniforme e inalterada em sua linguagem, pois deve assegurar-se de que ela seja compreendida por mentes novas ao modo como foi crida desde sempre. Aliás, a Igreja percebe a dificuldade, visto que reúne concílios quando surgem novas questões sobre os artigos de fé já tratados por concílios anteriores. Nada impede que incluindo novas definições ela peça aos cristãos para aderirem ao que ela acreditou e ensinou desde sempre, mas de uma maneira diferente. Será preciso então distinguir entre o que foi *crido* e o que foi *dito*, recuperar o que se queria crer quando se afirmava tal e tal coisa, qual verdade, ou a qual erro procurava se opor: é essa busca da inteligência da fé que está em jogo por meio da evolução e da crítica das linguagens que buscavam e buscam novamente se exprimir.

Portanto, o papa é útil para impedir a multiplicação de fórmulas de fé, o que levaria a uma dispersão tal que os cristãos não mais se entenderiam – além do perigo evidente de já não ter a mesma fé. Ele atua como um regulador, não como um revelador.

Mas seja do lado da instituição religiosa – que há muito promove uma forma de religiosidade popular (por exemplo, piedade mariana etc.) – de todos esses movimentos mais ou menos controláveis e muitas vezes incontroláveis – que mais uma vez tendem a dar primazia ao elemento religioso, à efusividade, ao fator irracional sobre o racional – ou do universo político – que também tende a encarar os cidadãos não como indivíduos soberanos, mas como clientes ou administrados a quem se permite apenas escolhas assistenciais e não escolhas verdadeiramente políticas – não haveria uma infância da razão, da fé, da democracia?

É verdade. A questão surgiu sob o nome de *religião popular*. Houve um tempo em que teólogos – inclusive eu – lutaram contra a religião popular, porque em nossa opinião fomentava a superstição e negligenciava as verdadeiras questões atuais de fé. Então os bispos respondiam: "Você não se importa com os pequenos, os pobres. Isso os consola! Não é com uma religião intelectualista que você vai consolá-los, encorajá-los, apoiá-los!" Que seja! Mas a Igreja sentiu que tudo o que era religioso ajudava a mantê-los um pouco mais na instituição cristã e na fé, e por isso não quis se opor. E agora? Os carismáticos formam grande parte dos efetivos das celebrações religiosas em vários lugares. Dão visibilidade à Igreja, que sucumbe voluntariamente à sedução do número, da publicidade. E os tradicionalistas também estão nisso. Nenhum dos lados tem medo de se mostrar em público, às vezes mesmo exibindo-se sem muita parcimônia, fazendo Via-Sacra, procissões em torno das igrejas ou na rua, e reunindo multidões nas peregrinações. Isso sugere que a Igreja ainda está bem viva. Mas apenas mascara a falta crescente de efetivos.

O maior perigo é o tradicionalismo, que se sente apoiado pelo Vaticano, porque os tradicionalistas já são em si uma denúncia do pensamento secularizado que *invadiu* a Igreja, o que representa bem a ideia do papa e de muitos bispos. Estive recentemente numa diocese para uma festa de casamento, e o pároco me dizia perceber o crescimento acelerado das correntes tradicionalistas e fundamentalistas e que em pouco espaço de tempo só haveria esses movimentos nas igrejas, e os grupos carismáticos. Isso porque todos os cristãos que desenvolveram seu pensamento religioso e a sua fé na linha do Vaticano II acabaram partindo... para a natureza.

Nesse sentido, o senhor poderia definir em poucas palavras para o leigo o que foi o Vaticano II? Como o Vaticano II acabou sendo uma ruptura com tudo aquilo que o antecedeu?

Você sabe que em todos os concílios existe uma maioria e uma minoria: uma maioria ligada com o que foi dito ou feito antes, e uma minoria que quer avançar. Ou então se dá o contrário. No Vaticano II houve uma maioria que quis conciliar a Igreja com a sociedade do seu tempo. Mas a minoria era suficientemente grande para fazer ouvir a sua voz. Quis-se chegar à unanimidade, por isso buscou-se redigir textos de compromisso que pudessem ser interpretados, tanto na linha da continuidade – o que nos leva ao Vaticano I e a Trento – quanto na linha da novidade introduzida pelo Vaticano II –, uma tendência que hoje em dia é combatida com demasiada frequência pelo Vaticano e por parte da alta hierarquia da Igreja em vários países. Então, quais são os elementos de novidade? Vou referi-los como me vêm à mente, sem me preocupar em estabelecer uma ordem de prioridade entre eles.

A vontade da Igreja de se reconciliar com as outras denominações cristãs, reconhecer que elas também guardaram os ensinamentos essenciais de Cristo e boa parte da tradição cristã, considerá-las Igrejas irmãs (embora a expressão seja utilizada com moderação); trata-se, portanto, de um encorajamento na linha do já antigo movimento "ecumênico", que tendia a relativizar um pouco as fórmulas dogmáticas para facilitar a união dos cristãos numa fé menos exigente, ou menos esclerosada, com menos enquadramentos em fórmulas.

Também a vontade de se conciliar com as religiões não cristãs, de tratá-las com respeito, reconhecendo o valor de suas contribuições espirituais e seu empenho em prol da paz entre os povos; prestar homenagem especial ao parentesco original entre o cristianismo e o judaísmo e reconciliar-se com o povo judeu, que – infelizmente! – tem muitas e dolorosas razões em queixar-se da hostilidade da Igreja. E uma menção especial ao terceiro monoteísmo, o muçulmano, cada vez mais misturado com o mundo cristão atual ou anterior.

Ainda a vontade de estabelecer nova forma de governo da Igreja, caracterizada pela ideia de colegialidade, que queria dar às Igrejas locais um pouco de autonomia, permitindo-lhes responder às necessidades particulares de seus respectivos países, promover sua cultura nacional ou regional...

...portanto, uma Igreja vista como comunhão de igrejas?

É isso mesmo! Exatamente! A teologia dos padres Tillard e Rigal! Introduzir a "colegialidade" e a "subsidiariedade" na Igreja e diminuir o estrangulamento monárquico, para que os assuntos da Igreja universal não sejam resolvidos exclusivamente pelos funcionários do Vaticano, e que os bispos do mesmo país possam entrar em acordo para decidir sobre os problemas que dizem respeito ao seu país. Dar um pouco mais de liberdade aos bispos locais, a fim de que, querendo, possam se tornar porta-vozes dos fiéis pelos quais são responsáveis.

Outro elemento de novidade: o espaço aberto aos leigos, querido pela Igreja especialmente pondo à sua disposição a Palavra de Deus, para que não andem apenas a reboque do *ensino* da hierarquia e possam compreender sua fé por si mesmos e interpretá-la, dela se utilizar do modo que puderem. Outro ponto é o convite aos leigos para que assumam atividades e responsabilidades na Igreja, o que significa tratá-los como pessoas "adultas" – como se dá na sociedade civil e política – e abrir caminho a uma relativa democratização da Igreja, para que já não seja a última monarquia absoluta do mundo e possa entrar no debate comum dos povos civilizados.

Finalmente, no princípio do que acabo de dizer havia a vontade da Igreja de se reconciliar com o espírito moderno, ou seja, de forma resumida – e muito resumida! – com o espírito do Iluminismo. Anular as condenações contra as "novas ideias" surgidas no curso do século XIX e reconhecer os direitos humanos, a liberdade de consciência e a liberdade religiosa. O que foi realmente feito pela Constituição *Gaudium et spes*, mas que não produziu o efeito libertador desejado no seio da Igreja, porque é essa "abertura" ao mundo – um mundo secularizado e laico – e à "modernidade" – uma modernidade que acolhe todas as liberdades, mas também aberta à incredulidade e à permissividade em matéria moral –, é, portanto, essa abertura, esse parêntesis da história da Igreja, que o papado gostaria de fechar. Estes são os elementos da novidade do Vaticano II. Compreende-se que muitos bispos, sacerdotes e fiéis tenham sido desestabilizados. Foi certamente uma decisão de deixar entrar um pouco de vento de modernismo na Igreja. O resultado foi um conjunto de fortes reações que levaram à ascensão da antiga minoria do Vaticano II, apoiada e agora substituída por bispos mais recentemente selecionados e nomeados e por um novo clero proveniente em grande parte de novas congregações. Os dois volumes dos *Cadernos do Concílio* do padre Henri Lubac que analisei mostram bem os receios e as relutâncias da minoria conciliar, que depois explodiram ruidosamente: o medo das "ciências humanas", da "exegese histórica", o medo de que o ensinamento dos bispos sofra retaliações; o medo do "relativismo religioso", que poderia levar os cristãos a abandonar a Igreja, desvalorizando assim a propagação da fé cristã nos países de missão; o medo de abrir demasiado espaço aos leigos, com o risco do desprestigiar o ministério consagrado e de diminuir as vocações religiosas; o medo de afrouxar os vínculos da unidade cristã e a uniformidade da liturgia; para ficar por aqui, acima de tudo a relutância frente à abertura ao mundo denunciada como ateísmo.

A involução que está ocorrendo hoje tem uma tendência bastante acentuada de regressar do Vaticano II ao Vaticano I e a Trento, e está levando grande número de cristãos a fugir da Igreja. Posteriormente ao Concílio, acrescentam-se a condenação frequente por parte de Roma de todos os tipos de relação sexual com contraceptivos, e em outro âmbito, as medidas tomadas para uma restauração litúrgica e disciplinar que tende a restringir cada vez mais o espaço dos leigos. Isso acontece tanto na França, na Bélgica, na Alemanha quanto em outros países! Os cristãos escrevem aos bispos pedindo-lhes que sejam "desbatizados" ou "riscados da instituição", ou, nos países signatários, recusam-se a pagar as contribuições para os cultos.

Ao mesmo tempo, a Igreja abre os braços aos adeptos do cisma de D. Lefebvre e procura reintegrá-los na comunhão católica. Exigem-se certas condições, mas também se fazem concessões. Diz-se a eles: "É claro que você terá de aceitar o Vaticano II, é um Concílio, não vamos negá-lo! Mas, quando o tivermos bem reinterpretado, bem compreendido, levaremos em consideração as críticas e a relutância que vocês têm a respeito!" E assim eliminamos a novidade. Isso porque em geral o que tem maior valor nos concílios, assim como nos documentos pontifícios chamados encíclicas, é o que trazem de novo, às vezes em poucas palavras ou em algumas linhas ou páginas, e não a longa e tediosa rememoração daquilo que ensinaram os antigos concílios ou os "nossos predecessores de saudosa memória". O que ocorre hoje é o contrário: busca-se reter do Concílio apenas a repetição do que foi dito e feito desde sempre, e a consolidação dos ensinamentos mais reacionários do Vaticano I que começavam a ser minados. E procura-se então ocultar os avanços do Vaticano II que acabo de referir. Por exemplo, se diz: "*Sim*, é verdade que o Vaticano II quis desenvolver a colegialidade episcopal, *mas* sempre com Pedro e sob Pedro", isto é, sempre sob a liderança do papa. Por isso, quando se realiza um sínodo episcopal, se diz: "Eis aqui em obra a colegialidade". Muito bom! No entanto, os bispos têm dificuldade em reconhecer seu pensamento no documento final, depois de ele ter sido triturado pelos secretários romanos e assinado pelo papa, que o apresenta dizendo: "Foi isso que os vossos bispos disseram!" Ou ainda, o papa ou os altos dignitários eclesiásticos vão fazer visitas cerimoniosas e cordiais a sinagogas ou mesquitas. Só podemos aplaudir esse gesto. Mas, ao mesmo tempo, apesar do diálogo contínuo entre os *experts*, as tentativas de aproximação entre católicos e cristãos de outras denominações são postas sob quatro ferrolhos.

Daí o perigo, do qual falávamos, de que em breve só restariam na Igreja os fundamentalistas e tradicionalistas, que dela nada mais esperam que um retorno aos ritos antigos e às respostas do catecismo, ou os carismáticos, na medida em que se tolerem certos exageros religiosos. Mas entre aqueles que atualmente, num espírito de abertura, renovação ou modernidade, gostariam, por exemplo, de conectar a fé com a justiça e a ação social, ou que desejam outro tipo de relação e comunicação entre a hierarquia e os fiéis, entre clérigos e leigos, bem, muitos desses se retiram ou têm vontade de se retirar da Igreja. Daí surge a seguinte preocupação: o que será deles? Serão capazes de pelo menos permanecer unidos? Irão manter alguns laços com a instituição para sustentar sua vida sacramental? Para fazer com que ela também evolua, o que não pode ser feito a partir de fora! De qualquer modo, nas atuais circunstâncias o que está em curso é uma involução, porque a Igreja católica não tardará a se tornar sectária se for reduzida a grupos fundamentalistas ou pietistas, cuja principal preocupação é caminhar na direção inversa ao mundo de hoje.

O senhor salienta seguidamente a fragilidade das instituições, de todas elas. Se analisarmos com propriedade as causas externas – isto é, as profundas mudanças em nossas sociedades –, podemos evocar também as causas internas, específicas das instituições religiosas em geral e da instituição católica em particular?

Naturalmente! Por exemplo, a instituição religiosa, tomada em geral, quer manter o poder de uma elite clerical sobre os crentes – seja na Igreja católica ou em outras Igrejas cristãs, na religião muçulmana, e provavelmente também entre os judeus – porque essa elite deriva sua autoridade do povo: esse é um primeiro ponto. Pode haver ali sentimentos em si mesmos respeitáveis ou compreensíveis: por exemplo, a preocupação de dar livre curso às ciências religiosas na teologia, o temor de ver a Bíblia desvalorizada e classificada como um livro cultural ordinário no qual não haveria mais revelação, ou ver a teologia totalmente secularizada, ou tal dogma sendo abandonado como algo que já não pode ser sustentado hoje. E a Igreja, não sabendo mais como controlar essa situação, começa a emitir interditos sobre tais questões, preferindo manter as mentes voltadas e obedientes ao passado. Vimos, por exemplo, o papa João Paulo II, afinado com a fenomenologia contemporânea, afirmar que o verdadeiro pensamento filosófico foi produzido na Idade Média, culminado em Tomás de Aquino!

No catolicismo, vemos o perigo de reduzir o sacramental ao nível da magia. Esta é uma opinião que gostaria de debater, mas ainda não sei como... Na medida em que um sacramento não é mais expressão de uma comunidade, ele se perde na magia. É assim que gostaria de advertir de modo especial contra as ordenações cismáticas das quais nos tornamos vítimas: o episcopado pode ser conferido por alguém que se tenha posto fora da Igreja, e que ordena fora da Igreja?

Outra questão: o papa tem o direito de impor um líder a uma comunidade cristã sem consultá-la? Assim, introduzo um pensamento social e societário dentro da teologia dos sacramentos, apenas para evitar o risco da magia. Chegará o momento em que será necessário levar a cabo uma série de reflexões: o que estamos fazendo quando batizamos uma criança trazida por pais que absolutamente não creem, ou quando os pais pedem o batismo da criança apenas por causa da avó, ou porque o batismo é uma bela cerimônia, quando estamos quase certos de que a criança não terá uma educação cristã? E será que cremos realmente estar sacralizando um elo indissolúvel pelo sacramento do matrimônio, quando sabemos do grande número de casamentos que são desfeitos apenas alguns anos depois de sua celebração? Há pouco tempo, um bispo recusou-se a batizar casais que não eram casados na Igreja, exceto nos casos em que se comprometessem a casar na igreja e a levar seus filhos à igreja. Então, o que fazer? Ou caímos nesse processo sectário de recusar os sacramentos, ou ministramos os sacramentos sem saber bem o que estamos fazendo? Esta questão não pode ser evitada, e isso representa um desafio para a teologia dos sacramentos, supondo-se que se queira pensar seriamente sobre essa questão, o que ainda não é o caso.

**Não haverá também uma rejeição do debate interno, que talvez seja semelhante ao que está acontecendo em outras instituições? Assim, quando os cidadãos demonstram discordar desse ou daquele encaminhamento, não se debate com eles; pelo contrário, diz-se a eles que: "Vamos lhes explicar como é".
Todas as instituições têm esse mesmo defeito...**

Você tem razão em dizer que é um assunto que diz respeito a todas as instituições; não é uma exclusividade da instituição católica, mas ela participa do mesmo mal, dos mesmos defeitos das outras instituições. Mas é verdade que, se ela não reconhecer a intrusão de um pouco de democracia nela, acabará se esvaziando de todos os seus fiéis, pelo menos no Ocidente isso é certo. Então, por enquanto ela se esconde sempre por trás de sua autoridade divina... Atualmente discute-se sobre a "invenção" do povo judeu, aludi a isso anteriormente – ora, eu seria capaz de escrever um livro para mostrar com bons argumentos históricos como se inventou o sacerdócio, ou o poder de Pedro! Isso não me impede de crer *de algum modo*, mas será necessário que esse *algum modo* se fundamente sobre os antigos modos, caso contrário vamos ignorar completamente a instituição sacerdotal e a hierarquia católica.

Poderia dizer-nos algumas palavras sobre a questão que o senhor acabou de levantar, a saber, a invenção do sacerdócio e do poder de Pedro?

Não quero aprofundar muito o assunto aqui, remeto-o às minhas... *(risos)* considerações iniciais, mas, por exemplo, aqui está um ponto muito simples, e ao mesmo tempo muito importante, sobre o qual já não se reflete: a palavra "sacerdócio" é usada no Novo Testamento, e é o único caso, apenas em relação ao povo cristão, ao povo dos fiéis! E na Igreja não se dá qualquer atenção ao sacerdócio dos fiéis, exceto para lhes dizer: "Vosso sacerdócio consiste em ajoelhar-vos diante do padre"! Um dia em nossa igreja de Santo Inácio estávamos assistindo a algumas ordenações e alguém chamou a atenção de que todas as referências ao sacerdócio foram tiradas do Antigo Testamento. Evidentemente, uma vez que não há nenhuma no Novo! Isso significa que o sacerdócio cristão não tem fundamentação? Foi inventado, é verdade, mas não havia uma razão? Não, e podemos demonstrá-lo. Mas, ao mesmo tempo que podemos demonstrar o fundamento e a razão por que foi inventado, mostraremos também como ele deve ser transformado e dentro de quais limites poderá ser feito. A Igreja oficial ainda não está preparada para admitir isso. Então, o que um teólogo como eu – que gostaria de fazer as coisas acontecerem, mas que sabe que não é no grito ou a pontapés que fazemos isso – tenta dizer e fazer é evitar detalhar o que pensa, sem querer afirmar em tom pretensioso: "eis o que é necessário fazer!". Deve-se chamar a atenção sobre o caráter sacerdotal do povo cristão e fazer valer que é um dever de fé levar essa questão muito a sério, submetê-la à prova e tirar algum proveito disso. Pode-se tentar dar-lhe real representatividade ou eficácia. Vamos tentar! O ministério consagrado não é todo poderoso e não é a única forma do sacerdócio cristão! Não podemos defender a ideia de que o cristão não pode viver como cristão sem o padre, por isso vejamos o que pode ser transferido do sacerdócio ministerial para o sacerdócio dos fiéis. É assim que coloco essa questão, dizendo: "Pense nisso!" E há espaço para mudar isso.

E o papel de Pedro?

Acredito que o pontificado só começou a se tornar o que é agora quando o papa se apoiou no imperador – o líder de um Império pagão –, separando as duas funções que ele tradicionalmente ocupava. O imperador era o sumo sacerdote da religião romana, e o papa então propôs: "Separe-se!" Sejam separados o poder político e o poder religioso, mas permaneçam unidos: todas as questões religiosas estarão a cargo do sucessor de Pedro, mas o imperador terá de defender a causa de Pedro e obedecer ao papa em todas as questões relacionadas com a religião. Isso representou realmente a instituição do papado como um poder universal.

Depois houve uma divisão entre as Igrejas do Ocidente e do Oriente, mas a Igreja do Oriente tinha a mesma mentalidade, pois estava ligada ao poder imperial, ao imperador bizantino. Vemos uma reminiscência disso também na Rússia, onde a Igreja sempre se sentiu solidária com o poder czarista, e depois com o poder comunista quando este derrubou o poder czarista, e o próprio Stalin respeitava a hierarquia ortodoxa ao mesmo tempo que combatia a Igreja. Desse modo, continuamos presos à concepção bem antiga em que a religião é uma questão da Cidade; retornamos ao tempo dos gregos antigos! Com exceção de que a Igreja romana, articulada sobre um Império que pretendia ser universal, se concebia no mesmo nível de universalidade que aquele Império. Se voltarmos mais no tempo, qual era o poder de Pedro nos primeiros séculos da Igreja? Havia então uma multidão de Igrejas locais, cada uma governada por um bispo, e independente umas das outras, exceto que todos reconheciam a autoridade soberana do Concílio Ecumênico – logo que foram instituídos (anteriormente havia apenas concílios regionais) – para dirimir as questões mais graves da fé, que por vezes não se resolviam tão facilmente. Ao bispo de Roma outorgou-se uma certa *especificidade*; recorria-se a ele para resolver conflitos entre Igrejas, mas o principal objetivo era manter a união entre elas, não impor a vontade da cátedra romana. São Cipriano, que fez um belo tratado sobre *a unidade da Igreja*, dizia que essa unidade repousa na *concordância dos bispos* e que não há *superbispo*, nenhum Pedro onipotente; o sucessor de Pedro está lá para fazer reinar a caridade. Se as Igrejas se dividem, a causa é levada a Roma para que esta ponha ordem nas coisas, e isso é bem diferente! Nesse sentido, poderíamos conceber uma mudança no atual papado, que já não seria o poder monárquico quase absoluto que foi no passado.

Poder que talvez seja também o resultado de uma compreensão enviesada da fórmula: "Tu és Pedro e sobre esta pedra edificarei a minha Igreja"?

Nesse caso, você me apresenta uma questão ainda mais séria: Qual era a ideia da Igreja de Jesus? Será que ele tinha uma ideia de Igreja? A maioria dos historiadores admite que nesse caso estamos diante de uma tradição *pós-pascal*, isto é, que não remonta ao Jesus da história, mas que nasceu depois da sua ressurreição. Isso não significa que não tenha ligação com ele, porque é verdade que nos Evangelhos sinóticos (os de Mateus, Marcos e Lucas), o movimento lançado por Jesus era dotado de certa organização, na qual Pedro ocupara um posto à parte, por vontade de Jesus; isso se deve ao fato de que Pedro foi o primeiro a confessar que Jesus era o Messias – o que não impediu Jesus, quando falava da sua futura paixão, e que Pedro lhe disse: "Ah! Não, isso não vai acontecer", de retorquir-lhe: "Afasta-te, Satanás!", e de predizer posteriormente que Pedro iria negá-lo três vezes. Num capítulo que lhe foi adicionado, o Evangelho de João mostra a nova investidura de Pedro por Jesus e a reconciliação de João com Pedro, isto é, de uma Igreja carismática com uma Igreja mais institucional. Uma carta de Paulo aos Gálatas mostra-o em conflito, em Antioquia, com Pedro, que deixara de partilhar da mesa (eucarística) dos cristãos de origem pagã por medo dos cristãos "judaizantes".

Tudo isso indica que o poder reconhecido ao papa, quer como primazia, quer como infalibilidade, não é inteiramente sem fundamento na história de Jesus e posteriormente no tempo dos apóstolos. Todavia, esse poder está longe do poder singular e absoluto que foi atribuído a estes dois títulos na história posterior, e assim ele poderia ser concebido e exercido de forma bem diferente do papado definido no Concílio Vaticano I.

Este poder também é exercido através de uma forma de governo – a Cúria – do qual tem-se a impressão de que não funciona bem...

Sim, vejo que você continua querendo me armar e prender numa armadilha enquanto puder, isso será escrito! (*risos e protestos*). De fato, é verdade... e o maior perigo que vejo na Cúria é que ela forma um mundo, e um pequeno mundo que impede que o vasto mundo seja visto. Outrora se dizia que era a visão do papa sobre o mundo inteiro, mas o próprio papa está preso neste meio romano, e não vê tudo o que está realmente acontecendo ou, se vê, não o compreende como realmente é; o papado não evoluiu com o passar do tempo. Como é que Roma, que sempre denunciou as ideias modernas ao longo do século XIX e posteriormente, como é que você quer que ela se sinta solidária com o mundo como o vemos? O Vaticano II esperava contrabalançar a Cúria Romana, criando a colegialidade episcopal, e no fundo queria dar a Roma um poder verdadeiramente mais universal, mais bem informado, e que permitisse que as hierarquias locais expressassem sua voz: mas na verdade isso não aconteceu.

Então devemos considerar uma hierarquia não em termos de poder, mas de serviço a uma comunidade maior?

É isso mesmo! E a manutenção da unidade entre todos os grupos cristãos, para que todos juntos confessem Jesus Cristo. E o papel do bispo é manter a Igreja local aberta à Igreja universal. Assim, considero uma boa iniciativa quando algum bispo europeu entra em acordo com um bispo africano para unir paróquias ou dioceses: isso abre os olhos dos cristãos, cria uma corrente de doação, de simpatia, de apoio fraterno. Também é muito bom que, mesmo sem reivindicar qualquer apreço particular, os bispos mantenham boas relações, se possível, com as autoridades civis, incentivando para que seus fiéis se interessem por todos os problemas da sua sociedade: isto dá concreção ao "serviço do mundo" ao qual o Vaticano II procurou se voltar.

Mais importante ainda, é o papel do papa em convidar e engajar concretamente os fiéis de toda a Igreja a serviço do mundo, não querendo ensinar as autoridades públicas, e muito menos dar-lhes ordens ou querer dar-lhes conselhos, mas para lembrar aos cristãos que são também membros da cidade terrena e que devem estar preocupados com ela. A esse respeito, não sou formalmente hostil ao fato de o Vaticano ter desejado manter o estatuto de Estado, de querer fazer ouvir sua voz nas Nações Unidas, de manter relações com os estados; sei que há perigo ali, mas não é necessariamente mau, pode ser entendido como uma missão de encarnação; pelo menos é assim que vejo isso.

Por outro lado, não me parece necessário que os núncios sejam todos bispos ou clérigos. Ainda chegará o dia – se é que vai chegar! – em que o papado terá compreendido a justa medida da missão dos leigos, e poderemos ver muito bem leigos competentes tomar o lugar de núncios; talvez não sejam tentados a desempenhar o papel de um superbispo! O que é importante é alargar os horizontes dos cristãos e das comunidades católicas, de modo que na medida do possível sejam individual e coletivamente solidários com todo o sofrimento humano e com todas as tarefas de melhoria da condição humana.

Nessa caminhada para frente, somos tentados a nos apoiar – na falta de segui-la – na experiência daqueles que nos precederam, naquilo que poderíamos resumir na palavra tradição. Quer se trate de um homem ou de uma mulher em busca de sentido, de libertação, chamados a uma forma de transcendência no século XXI, como podemos nos orientar no labirinto da tradição? Como fazer, como proceder para não se perder?

Pessoalmente, buscaria me conformar com a definição de Eric Weil: "A única tradição do Ocidente é a da mudança"; gosto dessa citação porque eu diria a mesma coisa para a tradição católica. E como posso dizer outra coisa, pois a tradição católica está intimamente ligada à tradição do mundo ocidental. Não vejo como poderíamos separá-las.

A teologia errou quando tentou deter o avanço da tradição, quando o interrompeu em determinado momento. A tradição ficou praticamente restrita àquilo que chamamos a época dos Padres da Igreja, ficou detida nos séculos VII-VIII. Nessa época, os papas praticamente afirmavam: a tradição sou eu. Mas há realmente quem afirmou isso: foi Pio IX; todavia, no fundo todos eles tinham um resquício desse pensamento, tomando apenas para si o poder de estabelecer a tradição; desse modo, temos de retomar a definição feita por Weil: a tradição da Igreja é uma tradição de mudança. Ela evoluiu – e isso pode ser facilmente comprovado – sem precisar negar a si mesma. Não estou dizendo que ela esteja criando invenções; não, nós nos reencontramos ali porque o espírito humano é histórico. A tradição é a historicidade da fé, para dar uma definição teológica adequada, é a fé que se pensa no tempo. A tradição tem duas dimensões: a universalidade e a transversalidade do tempo.

Ao que parece, a tradição no Ocidente foi um tanto interrompida pelo menos em seus órgãos de transmissão. Houve uma ruptura na era da modernidade, quando a ciência começou a mostrar que não se constrói para trás, recapitulando o que disseram os antigos, mas para a frente, pesquisando e fazendo experiências sempre novas. Foi a grande virada que já começou no século XIV, porque o alcance da modernidade é realmente muito mais amplo do que aquilo que se chama modernidade literária ou filosófica. Pode ser que se tenha liberado muito rápido da tradição. É também examinando o passado que aprendemos a abrir novos caminhos para a inteligência. E isso é verdade em todos os aspectos: na matemática, não rejeitamos o teorema de Pitágoras; na filosofia, gostaríamos de voltar aos pré-socráticos; e o estruturalismo nos fez prezar o "pensamento selvagem" das sociedades primitivas. Outra prova disso é que a modernidade literária está ligada ao que chamamos de humanismo, que foi a redescoberta da antiguidade greco-latina.

Por isso, não devemos rejeitar a tradição, mas repensá-la; não a tomar como foi formulada no passado, fazendo dela um argumento de autoridade invencível ou de imobilidade intangível. Também não devemos limitá-la ao que foi dito pelos concílios, pois os concílios não inventam a fé; em princípio, eles se limitam a definir, desenvolver e formular aquilo que já se crê em toda a Igreja. Assim, no Concílio de Niceia vimos os bispos testemunharem o que já se acreditava desde sempre em suas respectivas Igrejas. Meio século mais tarde, vimos o Concílio de Constantinopla subtrair do símbolo de Niceia a fórmula "Filho gerado da substância do Pai", à qual os fiéis não concordavam em aderir. O que conta na tradição, o que faz a tradição é a fé viva da Igreja, uma fé que nunca deixa de se repensar. Por fim, isso nos ensina a não determos a tradição, a não limitá-la temporalmente: a tradição continua hoje em nós e conosco. Ela se constitui na medida em que se inova, sem nada abandonar do passado da fé, mas repensando-a na mentalidade dos novos tempos, e mantendo a solicitude pela universalidade da Igreja, para que os fiéis de todos os países, visto que nem todos têm a mesma língua e a mesma sensibilidade religiosa, continuem a se comunicar na mesma fé. Continuidade e comunhão, mas no diálogo com o mundo atual e na diversidade das culturas, este é o objetivo da tradição católica.

Os teólogos medievais praticamente reenviavam a tradição à "autoridade", mas conjugada no plural: as "autoridades" da fé eram os grandes bispos teólogos dos primeiros séculos da Igreja, ilustres por suas funções e por sua história, e com grande reputação pelo saber e pelos escritos, dos quais os autores da Idade Média conheciam apenas excertos da antologia. Nesse sentido, os concílios posteriores dificilmente puderam gozar do apoio da tradição, apesar de suas referências às "autoridades" do passado, que a ciência crítica do nosso tempo compreende em geral de modo bem diferente. Mas sobretudo essa concepção aristocrática da tradição (tão parecida com aquela das "pessoas autorizadas" de Aristóteles) esvazia a fé da Igreja do "sentido da fé dos fiéis".

Devemos, portanto, restabelecer no conceito de tradição aquilo que a teologia chama de *sensus fidei* ou *sensus fidelium*, a intuição da fé, o sentido da fé que os fiéis têm; a fé da Igreja não é apenas a fé dos bispos, mesmo que os fiéis sejam guiados por seus bispos, é a fé do povo cristão. E como a tradição nunca para, devemos deixar que ela venha a nós agora, acolhê-la em nós para inserir nela nossa compreensão da fé. Isso não é tão fácil, pois a tradição não se confunde com todas as opiniões e modas; no entanto, é necessário fazê-la participar do debate contemporâneo. De minha parte, prossigo a caminhada interrogativa da tradição, tentando ver e compreender o que dizem, sobre a questão a que estou refletindo, os teólogos e os exegetas do nosso tempo, assim como os filósofos – não se deve excluí-los da tradição cristã, mesmo que eles não reivindiquem a ela pertencer, visto que representam o pensamento contemporâneo por meio do qual refletimos sobre nossa fé.

A filosofia ocidental – foi o que quis dizer Bento XVI, mesmo que mal formulado – nasceu de uma tradição cristã, que por sua vez retomou a tradição grega e latina, com outros elementos das culturas judaica ou muçulmana. A tradição se consulta, cria um fórum de debate, se interroga. Não é essa escória que se publica atualmente nos jornais ou na proliferação de obras de teologia. É preciso fazer um discernimento: como se pode encontrar uma fé comum aí? Ela se busca, se faz no debate entre teólogos, exegetas, filósofos, historiadores, sociólogos, psicólogos... Quando se observavam todas as ideias que se confrontam e se intercambiam sobre um mesmo ponto da doutrina cristã, se vê delinear linhas de pesquisa e compreensão que traçam o campo a ser explorado pela reflexão teológica.

Por exemplo, a história de Jesus, da qual o dogma cristológico dos últimos séculos não se ocupava, tem estado na vanguarda das pesquisas teológicas há mais de um século, resultando em novas pesquisas pelos dois testamentos, provocando o debate entre judeus e cristãos, questionando as definições mais fundamentais da fé cristã. Tudo isso que modifica radicalmente nosso olhar sobre Jesus, que nos inspira respeito pelo fato de ser judeu, e nos faz mexer num dogma que acreditávamos estar fixado desde tempos imemoriais, tudo isso faz parte da tradição da fé, é o progresso da tradição em nosso tempo. Não sabemos aonde isso nos conduzirá, a não ser que temos que seguir seu movimento, porque é essa tradição que sustenta o pensamento vivo da nossa fé. A fé só é viva quando se move para a frente, sem fugir de nenhum combate.

A fidelidade à tradição não nos condena ao imobilismo. Ela consiste na continuação da obra de inteligência da fé que se realizou na antiguidade cristã, que continua na era da modernidade, e que começa a embarcar em novas turbulências nos tempos de hoje, o que muitos chamam de pós-modernismo e outros chamam de pós-ocidentalismo ou pós-cristianismo, a tal ponto que as pessoas do nosso tempo têm medo de estar enclausuradas em algum passado. Por pouco que esteja ciente dos conflitos doutrinais que ocorreram nos séculos fundadores do Cristianismo, a teologia não deve recear os debates de hoje. O que a leva a avançar não é uma vergonhosa fobia do seu passado, nem o gosto por novidades atraentes; é o próprio movimento de uma tradição que não se resigna em morrer.

O senhor teria outros exemplos do que está sendo discutido atualmente?

O papel regulador do papado, sua primazia, sua infalibilidade, sua relação com o concílio. O papado desfaz a autoridade do concílio pelo fato de arrogar-se o privilégio de assinar todas as suas declarações, que se tornam verdades de fé somente pela palavra do papa. Quando se viu um papa na época do Vaticano II retirar dos padres conciliares o direito de legislar sobre uma matéria, particularmente no que se refere à contracepção, nos perguntamos se ele realmente acreditava na infalibilidade da Igreja reunida em concílio na pessoa de seus bispos. A secreta revisão atual do Vaticano II feita pela autoridade papal é também algo que vai contra a autoridade ecumênica do concílio. A ponderação do poder papal pela colegialidade episcopal, pleiteada pelo Vaticano II, foi praticamente esvaziada de seus efeitos, já que os sínodos delegam ao papa a responsabilidade de concluir seus debates. As Igrejas locais não gozam de nenhuma margem de independência em relação à burocracia romana. Atualmente julga-se que qualquer declaração papal deva ter um valor "definitivo", e temos de mencionar ainda a atual estagnação das conversações ecumênicas em vista da reunião das igrejas. Ainda preso na hierocracia medieval, o governo da Igreja romana contrasta estranhamente com os sistemas democráticos do mundo ocidental. E a diminuição das vocações sacerdotais faz pairar graves interrogações sobre o governo da Igreja num futuro próximo.

Estas são algumas das questões atuais abertas ao debate mais ou menos público. Gostaria de acrescentar outra questão que está surgindo atualmente. Alguns historiadores argumentam que o protestantismo se espalhou graças à imprensa, que disponibilizou a Bíblia a qualquer pessoa que quisesse lê-la, podendo avaliar assim se o ensino de Roma estava em conformidade com o ensino das Escrituras divinamente inspiradas. Hoje, porém, há cada vez mais católicos lendo a Bíblia e lendo-a corretamente. Esse fato não irá facilitar no futuro as relações entre leigos e "clérigos", que no passado eram os únicos a desfrutar da formação necessária para ler a Bíblia com autoridade.

O que significa ler bem e corretamente a Bíblia?

Já falamos sobre a dificuldade de ler textos antigos: é necessário conhecer as línguas em que foram escritos e depois traduzidos antes de chegar até nós, a saber, o hebraico, o grego, o latim e outras línguas contemporâneas desses escritos, como o sumério ou o aramaico; é preciso conhecer a cultura das sociedades e dos países nos quais surgiram, sua história, sua geografia; então conhecer a história da transmissão dos textos e ser capaz de comparar suas diferentes versões ou leituras. E para quem não tem todos esses conhecimentos – e eu mesmo estou longe de tê-los – deve dispor de bons comentários e traduções, com boas notas explicativas. Quando disse há pouco que muitos leigos católicos conseguem ler a Bíblia "corretamente", referia-me às possibilidades que eles efetivamente têm de receber uma formação suficiente e de dispor de boas ferramentas de trabalho; não estava me referindo a livros acadêmicos, mas sim a uma boa popularização desses conhecimentos.

Sua pergunta, porém, pode ser entendida de um modo diferente: ler "corretamente" a Bíblia é compreendê-la como é ensinada pelo Magistério. E então começa a surgir uma grave dificuldade quando a leitura "correta", no sentido científico, que os fiéis aprenderam a fazer se desvia demasiadamente da leitura "correta", no sentido dogmático, difundida pela pregação comum feita nas igrejas. No alvorecer do século V, Agostinho dizia aos leitores cristãos: "Se você não crê nas Escrituras, porque não foi capaz de lê-las, acredite na autoridade da Igreja que afirma: está escrito" – subentendendo-se aí: confie naqueles que leem as Escrituras e sabem onde e como essa doutrina foi revelada. Eis aí uma típica linguagem de autoridade, baseada numa posição de poder e de conhecimento, que em breve não terá mais sustentação ou terá perdido grande parte de sua persuasão para a maioria dos fiéis. As relações de governo dentro da Igreja estão se tornando cada vez mais difíceis, mais tensas. Já vimos até cristãos leigos embrenhados em escrever seu próprio credo, baseados em seus próprios conhecimentos e em suas interpretações das Escrituras. Isso atesta um sentido agudo de fé, mas também o perigo de romper a tradição e perder a unidade da fé. Para evitar esse perigo, o Magistério terá de rever seu ensinamento, respeitar mais o trabalho de seus pesquisadores, mudar sua linguagem, modificar consideravelmente seu estilo de governo.

Eis aí os novos desafios, os novos perigos que despontam no horizonte. Os fiéis se tornaram "esclarecidos" e querem se comportar como crentes "adultos". A linha divisória entre "clérigos" e "leigos" está se esboroando, a distância entre "pastores" e "ovelhas" está diminuindo: a Igreja entrou numa nova era.

Nessa perspectiva, qual é a relevância da ruptura entre clérigos e leigos?

Seguramente ela está em vias de diminuir e de mudar de natureza. Nessa linha, o Vaticano II foi um fato irrefutável, uma ruptura capital. O desuso em que caiu o hábito clerical é um sinal caraterístico disso, e o desejo manifesto de reintroduzi-lo hoje em dia é a prova cabal de que esse sinal foi compreendido em toda a sua seriedade, e que uma tradição retrógrada está tentando recuperar as posições que perdeu. Argumenta-se agora amplamente que um novo concílio deve ser sempre interpretado numa linha de continuidade, e não de ruptura com o precedente. É a demonstração de uma enorme ignorância da história. O meio século de ásperos debates que se deram entre os dois primeiros concílios ecumênicos, Niceia e Constantinopla, focavam-se expressamente nos "novos termos" introduzidos pelo concílio de Niceia no símbolo da fé; a mesma coisa aconteceu entre os dois concílios seguintes, Éfeso e Calcedônia, e assim por diante. Cada novo concílio tenta sublinhar sua continuidade em relação com o precedente, justamente porque não tinha a intenção de inovar na fé, mas também por diplomacia, para impor com mais facilidade as mudanças bem reais que defende, e pela razão óbvia de que não foi convocado simplesmente para repetir o que já era conhecido. O Vaticano II foi convocado expressamente para realizar uma "atualização" (*aggiornamento*) da linguagem da Igreja, uma nova relação entre ela e o mundo, estabelecer outro tipo de relações entre Roma e as demais confissões cristãs, entre o papado e os bispos, entre os clérigos e os leigos, uma mudança que muitos fiéis, teólogos e bispos sentiam ser necessária. A busca por retroceder significa opor-se à verdadeira tradição que renova a fé, significa preparar-se para dissabores cruéis.

Penso que as comunidades cristãs estão sendo reconstituídas como comunidades de leitura do Evangelho, e não apenas como comunidades de celebração; já não estamos numa situação em que os fiéis só podem ouvir o Evangelho por intermédio da hierarquia clerical, que o lê e depois dita como deve ser compreendido. Eles estão em vias de assumir a responsabilidade pelo seu ser cristão, de definir em relação ao Evangelho e também de assumir a responsabilidade pelo seu ser em Igreja: eles fazem a Igreja por lerem juntos o Evangelho como a palavra que Jesus lhes dirige neste momento, porque estão reunidos ao redor dele e porque transmitem uns aos outros sua Palavra mediante intercâmbio mútuo. Sei que isso não é a solução para tudo. Como disse anteriormente: são cristãos na medida em que estão ligados a outras comunidades e ao passado da fé. Tendo isto em conta, e descartando qualquer intenção de romper esse vínculo e criar para si outro credo, a vontade dos fiéis de se comportarem e de serem tratados como pessoas responsáveis pelo seu ser cristão e pelo seu ser eclesial cria uma nova situação com a qual a autoridade pastoral deve se preocupar desde agora, sob pena de dar curso a uma nova e irremediável perda da substância da Igreja.

Haveria algum empecilho para conceber uma igualdade radical entre clérigos e leigos, e até mesmo uma Igreja sem ministros – pelo menos no sentido exclusivamente clerical do termo?

O papel do sacerdócio cristão (ministerial), como o vejo, é manter o vínculo com o acontecimento histórico de Jesus, e não uma questão de poder – pessoalmente evito usar a noção de poder na teologia sacramental. Sei bem que no passado dizia-se aos párocos: "Aqui em sua paróquia o senhor é o papa!" Não! Em todas as religiões, os ministros têm o poder autorizado para realizar certos ritos que se julgam necessários. Parece-me que o papel do sacerdote é antes de mais manter o vínculo com o acontecimento histórico de Jesus; manter o sentido de que o sacramento é dom; em outras palavras, não haveria problemas em privar o sacerdote da exclusividade do sacramento; todavia, é preciso tomar cuidado para que também os leigos não se arroguem o poder sobre suas comunidades, um poder que seria o mesmo e tão onipotente como o dos párocos do passado – vocês verão, se é que já não o fazem... Vamos nos precaver e evitar dizer que tomaremos o poder dos sacerdotes para entregá-lo aos leigos.

Devemos evitar colocar a questão em termos de poder; o sacerdote deve compreender realmente seu ministério em termos de serviço e não em termos de poder sobre as pessoas; isso é algo que considero muito bom. Tenha cuidado para não dizer: "Transferiremos os poderes do sacerdote para os leigos", mesmo que tenham sido escolhidos pelas comunidades! Mas isso também não significa que uma comunidade na qual só haveria leigos seria desprovida de sacramentos. Penso que ela será capaz de inventar seus ritos (e não seus sacramentos), em união com o bispo, cuja responsabilidade é manter certa forma de universalidade, de abertura ao universal.

Para mim, esta é a verdadeira utilidade da hierarquia: manter o olhar aberto para o universal; alguns bispos sabem como fazê-lo. Todavia, é muito frequente vermos o poder episcopal trabalhando em sentido inverso! Assim, será preciso evitar que as comunidades cristãs se fechem numa perspectiva meramente local.

Manter uma visão universalista da Igreja, instituindo ao mesmo tempo certa organização democrática, é algo que não acontecerá de um dia para o outro e não estará isento de perigos, mas é um nobre ideal a ser buscado, que pode ser a salvação da Igreja. Quando falo de um olhar aberto para o universal, não quero dizer apenas que as comunidades menores devam estar ligadas a comunidades maiores, nem que as Igrejas locais devam estar em comunhão umas com as outras, unidas à Igreja universal; refiro-me tanto ao universal humano, ao universo dos seres humanos ligados também esses ao nosso planeta e ao cosmos. É essa, sobretudo, a vocação secular do leigo. É por isso que não se trata de colocar o clero e os leigos em competição, mas em situação de complementaridade a serviço do Evangelho e do mundo.

E aqui está outro aspecto da atual mudança na consciência de ser cristão: cada vez mais os fiéis sentirão que ser cristão nada mais é que ser homem, um modo específico mas autêntico de ser homem. Eles serão responsáveis pelo seu ser-cristão, assumindo a responsabilidade pelo seu ser-homem e pelo destino da humanidade, de seu progresso. Está em curso uma relativa secularização da vida cristã e não deve ser evitada, sob pena de considerável enfraquecimento da fé e de uma diminuição decisiva de sua presença e influência na sociedade. Essa secularização se manifesta pela maior preocupação dos fiéis em assumir a responsabilidade dos problemas da sociedade, sejam éticos, políticos, econômicos ou sociais, em estreita concordância com todos os outros cidadãos que não frequentam a Igreja e que se preocupam com os mesmos problemas. E é desse modo que a Igreja evitará tornar-se uma seita religiosa entre tantas outras, prosseguindo eficazmente sua missão evangelizadora neste novo mundo, uma missão em que a parte dos leigos será preponderante. Esta é uma das grandes novidades que entrevejo. Não será o fim do Magistério; nem sequer irá suprimir o papel de uma teologia erudita que sempre será necessária, que deve estender-se até a outros campos, político, econômicos etc., e que se beneficiará do trabalho dos leigos, homens e mulheres, bem como dos clérigos. O papel do Magistério será inevitavelmente relativizado, não fatalmente diminuído, se conseguir situar-se no plano da universalidade do pensamento, da manutenção da comunhão, do estímulo e da orientação à pesquisa, da regulamentação da fé – dito com outras palavras, se aprender a exercer sua autoridade de outra forma, como se deve falar com pessoas informadas e adultas, como os líderes políticos aprendem a fazer nas democracias contemporâneas.

Portanto, mais um magistério de inspiração do que um magistério de dominação?

É isso mesmo. E um magistério que teria a responsabilidade de regular a comunicação entre as comunidades cristãs. Aliás em diferentes graus. Se os cristãos ocidentais deverão ter cuidado para não perder contato com seus irmãos da África ou da Ásia, não será possível que todos falem a mesma linguagem. A unidade não é uniformidade, como se a compreende muito facilmente na Igreja católica. Os africanos terão sua maneira própria de dizer-se cristãos, e os europeus terão outra. No entanto, sem se contradizerem. Antes de tudo, não se trata de redefinir a doutrina cristã como um todo, mas sim o lugar do cristianismo no mundo, seu papel na história e na sociedade. É isso que me parece ser mais importante. É toda essa dimensão que chamei precisamente de católica que será implementada de outra forma. Porque, se não deve haver separação entre os cristãos da África ou da Ásia e os cristãos da Europa, também não deve haver separação entre o homem cristão e o não crente ou um crente de outra religião, sejam eles ocidentais ou não.

Acredito que o cristianismo irá sentir a força da graça da encarnação, irá encarnar-se mais nas realidades do mundo que são de ordem civilizacional, econômica, política, e que o Evangelho será o fator decisivo para manter – o que não significa sob seu poder – a unidade da humanidade. Em parte a propagação do Evangelho se fará por meios doutrinais e religiosos, éticos e espirituais, como já vem sendo feito; mas também se fará por meio de uma infinidade de outros meios e sem proselitismo religioso, pois o Evangelho não é "um caminho determinado de salvação" entre outros (como disse de forma extraordinária o teólogo germano-americano Paul Tillich); é o caminho da realização do homem como homem, segundo o projeto de Deus que o criou "à sua imagem", e o caminho da unificação da humanidade, "para que todos sejam um", segundo a missão e a vontade de Jesus.

Nessa perspectiva, que lugar ocuparia a ideia de comunhão em termos cultuais? Estamos nos encaminhando rumo a uma Igreja pós-cultual, em que o culto como tal perderia importância em relação a outras formas de expressar a fé?

No culto cristão há duas coisas fundamentais: o batismo, que é a entrada na Igreja, e a eucaristia. São esses dois sacramentos que Cristo deixou à sua Igreja.

O batismo provavelmente terá de se modificar. Será que vamos continuar a batizar as crianças pequeninas? Muitas crianças hoje em dia são batizadas bem mais tarde, na adolescência, assim como começam a se multiplicar os batismos de adultos. Se continuarmos a ministrar o batismo desde o nascimento, será preciso dar outra definição a esse sacramento: como podemos explicar que as crianças ainda inconscientes já se tornaram filhos de Deus? Mas esse rito que nos foi legado pela tradição mais primitiva certamente permanecerá, porém continuará evoluindo como já evoluiu radicalmente quando mudamos do batismo-profissão de fé dos adultos para o batismo das crianças por imersão. Junto com isso, suprimir-se-ia também a obrigação de se converter ao Evangelho, que se supõe seja feito mais tarde pela educação familiar. Como já não podemos contar com esta última, somos obrigados a dar prioridade à conversão que ao ato sacramental. Vamos encontrar outros meios e graus de ligação com a Igreja: atualmente o catecumenato de adultos tem aberto caminhos promissores. Se quisermos "recristianizar" a sociedade, e que não seja um ato de mera retórica, devemos começar evangelizando bem os batizados: a iniciação ao Evangelho será prioritária sobre o rito no percurso sacramental.

A eucaristia é outro rito essencial do cristianismo. Também tem sido praticada de muitas maneiras ao longo do tempo. Em suas origens tinha um caráter social e convivial – o da refeição fraterna – e um caráter racional e de linguagem – o da partilha das Escrituras –, que ela perdeu quando se transformou num puro "sacrifício" depois de vários séculos, cuja atividade era reservada apenas ao sacerdócio consagrado. A Igreja assumiu então um rosto misterioso e sacral que não herdou de suas origens evangélicas. A reforma litúrgica preconizada pelo Vaticano II tinha procurado devolver à Eucaristia algo de seu caráter inicial, mas, cinquenta anos depois houve um retrocesso neste ponto, como em muitos outros, quando se preferiu dar mais importância à sacralidade do rito do que à santidade evangélica. Assim, temos um caminho a percorrer, retornar ao espírito do concílio e recomeçar.

No caso da eucaristia como no do batismo, a teologia sacramentária deve ser revisitada pelo retorno ao Evangelho. No caso do batismo, a presença de Deus na alma deve ser atribuída à conversão ao Evangelho na comunhão com o corpo de Cristo que é a Igreja, mais imediatamente que ao rito da água e do óleo do crisma, que é apenas sinal do dom da fé. Do mesmo modo, no caso da eucaristia é necessário dar mais importância, atribuir maior significado sacramental à presença de Cristo em sua comunidade, reunida para ouvir sua Palavra e tornar-se seu corpo, do que à presença ritual da carne de Cristo na hóstia consagrada.

A primeira parte da missa não é propriamente a retomada de um rito judaico? E a presença de Cristo na comunidade, por que deveríamos relacioná-la apenas com textos bíblicos, e não com outros textos ou eventos?

O caráter fundamental da Eucaristia é o vínculo com a pessoa de Cristo, com sua memória conservada pela leitura do Evangelho, com sua presença na comunidade, e também com a espera de sua vinda. Isso porque a eucaristia tem uma dimensão escatológica que não devemos esquecer. É verdade que assumiu a estrutura de uma oração judaica ligada a uma refeição religiosa, à qual acrescentou-lhe um ritualismo comum a todos os ritos sacrificais, incluindo os pagãos, porque a ideia de sacrifício é comum à maioria das religiões. Mas isso não é fundamental (a Última Ceia provavelmente não foi uma refeição pascal e Jesus tinha assumido uma atitude oposta às regras de pureza).

Por um lado, o importante na eucaristia é a relação da última refeição de Jesus com seus discípulos na vigília de sua morte e em seu caráter de antecipação do banquete do Reino de Deus, e por outro, sua relação com as refeições fundadoras do universalismo cristão mediante a convivialidade que criou entre judeus e pagãos, entre escravos e homens livres, e entre homens e mulheres. É isto que nos convida a buscar o fundamento da eucaristia no Evangelho e não no ritualismo sacrifical.

Na Igreja primitiva, os cristãos recebiam o ensinamento dos apóstolos durante a refeição eucarística. Quanto mais ênfase dermos à leitura e partilha do Evangelho, mais evitaremos o obstáculo do ritualismo e melhor compreenderemos o que chamamos de "presença sacramental" de Jesus. Há uma frase de Tertuliano que eu gosto de citar. Ele dizia: "Quando lemos as Escrituras, ouvimos a voz dos apóstolos". Ouvimo-los como se estivessem no meio de nós, e por isso evocamos a presença de Jesus como se ele retornasse novamente junto aos seus. Isso dá um senso de pertencimento a uma história e a uma família. Mostra também que Jesus vem a nós pela escuta de sua palavra evangélica antes de exprimir sua presença pelo rito.

É bem verdade que poderiam ser feitas outras leituras: relatos de experiências cristãs, textos que evocam o sofrimento em que vivem tantas pessoas, orações vindas de outras religiões – mas esses textos só teriam um significado verdadeiramente eucarístico se fizessem ressoar algum relato ou palavra do Evangelho. Nesse sentido, podemos recordar também o costume dos primeiros cristãos de iniciar o encontro eucarístico mediante a prática da correção fraterna e do perdão mútuo: assim, eles evocavam suas relações concretas na edificação da casa de Deus e o modo como se comportavam como cristãos num mundo pagão. E desse modo a eucaristia não era um parêntesis idealista em suas vidas, mas ocupava o lugar central de sua existência e de sua presença no mundo. Uma partilha de vida feita dessa forma valeria mais que um longo sermão.

Creio que a renovação sacramental da Igreja será feita por uma secularização, intensificada pela vida em conjunto dos cristãos, e não pela restauração de um antigo ritual.

De maneira bem formal, se houvesse um novo concílio, que pontos ele deveria abordar em primeiro lugar e por quê?

Em primeiro lugar, não coloco formalmente minha esperança num novo concílio, porque pelo modo como são feitos atualmente, os concílios vão continuar a ser ações do magistério, e a atual composição maioritária do corpo episcopal não nos permite ter muita esperança; será preciso que um novo concílio leve a cabo as mudanças que nos parecem mais urgentes. Ou seria necessário então criar um concílio que faça apelo a uma representação responsável dos leigos, coisa que ainda não acontece; talvez possamos preparar essa evolução, ou sonhar com ela. Não rejeito as ações do magistério, mas considero mais importante que se dê prosseguimento à desclericalização, e que se ponha em prática um modo de ser em Igreja, que de qualquer forma é imposta pela escassez do clero. E pela "maioria" adquirida do povo cristão. O cristão atinge a maturidade de fé, ou seja, pode ousar refletir por si mesmo, ousar interpretar o Evangelho. Antes de mais, gostaria que este primeiro ponto fosse posto em prática.

É por isso que não estou formalmente fazendo campanha pela abolição da lei do celibato eclesiástico ou pela ordenação de mulheres, pressupondo inclusive que isso acabaria trazendo mais pessoas às fileiras do clero. O importante não é isso, e poderia mesmo impedir as mudanças reais que são necessárias. Não sou contra a ordenação de pessoas casadas de ambos os sexos. Penso que isso irá acontecer com o passar do tempo, por necessidade ou pela evolução das mentes. Mas isso não é o mais urgente. Pelo contrário, envidando todos os nossos esforços neste ponto, acabaremos fortalecendo a ideia de que a Igreja só pode se sustentar graças ao clero, e perderemos o essencial.

A primeira necessidade é deixar que todos os cristãos falem, e tomar medidas para que a sua voz seja ouvida pela cúpula da Igreja, e para que seja levada em conta. Essa evolução não pode acontecer sem a intervenção de uma ação do magistério. Mas há um longo caminho a percorrer antes de chegar lá.

Antes de visar à cúpula, a etapa preliminar será o estabelecimento de um laicato responsável na base, no seio e na liderança das comunidades cristãs, com o acordo e sob o controle do bispo local. "Responsável" aqui, significa um grupo de leigos capazes de representar a comunidade que os nomeou e lhes delegou esse encargo, e capazes de organizar e animar a vida da comunidade, sua oração, seu apostolado, suas atividades e seus serviços. E pouco a pouco essa responsabilidade dos leigos deve estender-se ao conjunto das estruturas paroquiais, depois à Igreja local (na diocese), em cooperação com o presbiterado e o episcopado. Nesse grupo de líderes leigos, será necessário ter um bom número de mulheres, para que a mulher possa assumir posições de liderança na Igreja, como ela vem fazendo hoje em organizações políticas, sociais, culturais ou econômicas, sob pena de a Igreja continuar com a pecha de ser o último bastião de defesa das sociedades patriarcais e feudais dos tempos antigos.

Uma vez organizada essa estrutura, poderemos pensar em enviar leigos democraticamente eleitos para o concílio! Mas ainda estamos longe disso, e nem me peçam para tentar imaginar como pode ser feito. Já é quase impossível reunir bispos de todo o mundo e fazê-los trabalhar juntos com eficácia e bons propósitos. Para os anos e as décadas vindouros, já seria uma grande conquista conseguir dar à Igreja da França uma estrutura menos hierárquica e sacral, menos exclusivamente clerical e masculina e um perfil mais democrático e laico: é quase uma questão de decência no mundo em que vivemos! É certamente uma questão vital para o desenvolvimento da missão evangélica.

Temos de dar tempo ao tempo, sabendo que não temos muitos recursos à disposição para frear o declínio das forças vivas da Igreja. Será preciso deixar que seu tecido sagrado vá se desfazendo por si, contanto que os leigos estejam dispostos a tomar a dianteira não no sentido de tomar o poder, nem simplesmente de aceitar o favor de serem coadjuvantes, mas no sentido de prestar os serviços que a comunidade irá lhes delegar. Isso porque não haveria nenhum ganho em substituir os clérigos pelos leigos, se não estivéssemos convencidos de ambos os lados de que essa autoridade deve ser exercida de maneira diferente, de modo a permitir um florescimento da liberdade à qual Cristo nos chamou, como disse São Paulo.

A liberdade é assumida, não é dada, mas a liberdade cristã deve ser conquistada de acordo com o espírito do Evangelho. Os leigos cristãos aprenderam a liberdade de pensar a sua fé, começaram a tomar liberdade de se pronunciar, têm de conquistar agora a liberdade de agir a serviço da Igreja. Para muitos, pode parecer mais fácil ser gentilmente conduzido por bispo, assim como há muitos fiéis que preferem ser embalados pelos ritos antigos e incompreensíveis do que participar ativamente nas celebrações litúrgicas. Neste sentido, a liberdade é aprendida, exercida, conquistada com esforço e merecida. É um processo demorado, mas o tempo urge.

Em sua opinião, que campos de ação deveriam ser priorizados para deslanchar essa mudança?

Eu diria que há duas emergências atuais que logo mudarão a face da Igreja, dois fossos a serem suplantados. O primeiro fosso, que pode não ser o mais importante – mas no atual estado de coisas é crucial – é o que separa a linguagem do Magistério da linguagem dos estudiosos. O simples fato de o Magistério aceitar a linguagem dos especialistas já será uma evolução; isso a fará evoluir. O segundo fosso é aquele que separa o clérigo do leigo. Está para ser suplantado, mesmo do lado episcopal. Não só o sacerdote está agora mais próximo, mas também os próprios bispos estão se aproximando do seu povo, estão frequentando as comunidades de base, falando com os sacerdotes casados e recorrendo a seus serviços. E visto que uma coisa puxa outra, vamos lembrar aqui de outra carência extremamente atual que também precisa ser superada: uma vez que nada avança em muitas de nossas paróquias sem a mão atuante das mulheres, temos de parar de deixá-las de lado e convidá-las a ocupar na Igreja todo o lugar que a dominação masculina tem finalmente lhe outorgado na sociedade.

Em todas essas emergências, o avanço deverá acontecer tanto no vértice quanto na base. Mas, como seria imprudente esperar que os que detêm o poder tomem a iniciativa de partilhá-lo, será necessário que as iniciativas partam da base: que as mulheres se mostrem menos resignadas e dóceis, os cristãos leigos mais reivindicantes e empreendedores, os doutos e pesquisadores cristãos menos obsequiosos com a hierarquia, mais claros em denunciar as linguagens que já são defasadas, mais solícitos em tomar posição frente aos problemas concretos que a Igreja enfrenta.

Para retomar a última proposição que o senhor fez, como explicar a docilidade ou submissão dos estudiosos e pesquisadores? É um problema de formação ou de constrangimento econômico?

Tudo isso faz parte. Houve épocas em que os teólogos e exegetas religiosos tinham bem mais liberdade em seu trabalho do que sacerdotes do clero secular, ou até mais do que os padres universitários que recebem seu encargo diretamente do bispo – supondo-se que os primeiros lidavam com um superior religioso mais inteligente.

Ademais, os católicos cultos precisam ter conhecimento suficiente, ou pelo menos informação científica ou leitura suficiente sobre tudo o que é relevante para suas áreas de pesquisa, bem como sobre as questões bíblicas de que falávamos anteriormente. Eles estavam um tanto atrasados em relação aos protestantes, sobretudo germânicos, pois não estavam como eles no meio acadêmico, além de que lhes faltava o sentimento de emulação. Mas depois de meio século eles já compensaram amplamente esse atraso. Resta ainda o desconforto do controle hierárquico em relação às publicações destinadas ao grande público e ao ensino ministrado em faculdades e seminários de teologia.

O progresso nas pesquisas do cristão culto exige que ele tenha uma fé sólida, suficientemente firme para se convencer de que suas aquisições não dependem só da ciência e tampouco corre o risco de ser destruído pela questão que ele levanta, muito embora ele possa esperar por sérias dificuldades neste ou naquele ponto da fé. Tem-se conhecimento de colegas que preferiram abandonar a exegese histórica não porque conflitasse com seu bispo, mas porque sentiam que ela minava sua fé. Outros se refugiam em exegeses de tipo literário, semiótico ou narrativo, que não apresentam as mesmas dificuldades.

Nem sempre é fácil ir até o fim na busca da verdade utilizando todos os instrumentos da ciência à nossa disposição, e reconciliá-la com a verdade da fé assim como enunciada e ensinada pelo Magistério. Conheço a afirmação piedosa e solene de que a fé nada tem a temer da ciência, porque é Deus o autor de ambas. Aqueles que se satisfazem com essa resposta jamais se envolveram seriamente numa pesquisa real sobre uma questão de fé. Nem jamais se perguntaram onde e como se pode descobrir que tal declaração dogmática foi revelada ou o que significa a palavra revelação. Confiam mais nos papas e nos concílios do que na Escritura. A ignorância da tradição os faz crer de modo demasiadamente fácil de que o pensamento da Igreja nunca se modificou em seus pontos importantes desde os tempos apostólicos. Uma ignorância salutar dá força às suas convicções. Mas há mais fé verdadeira em sentir dúvidas e confrontá-las do que em fugir da análise e da verificação de tipo racional.

Será que não faltou aos nossos pesquisadores e estudiosos católicos uma maior circulação de ideias entre si, e estabelecer mais intercâmbios com seus colegas de outras confissões cristãs, o que lhes teria dado mais segurança e autoridade?

Isto pôde ter faltado em determinada época, por exemplo quando os bispos ou autoridades romanas proibiram de entrar nos seminários livros que viessem da Alemanha, "infectados" com a nova ciência germânica. Mas há muito que esse tipo de ostracismo desapareceu. O medo da propagação do modernismo no século passado também dificultou os intercâmbios e as pesquisas concertadas entre professores de seminários e de faculdades católicas. A mesma coisa não aconteceu desde o Concílio, e especialistas de todas as áreas têm todas as facilidades para participar de simpósios, junto com os seus homólogos de todas as denominações cristãs (ou religiosas), e cooperar em seminários de pesquisa ou em revistas abertas a todos os horizontes do pensamento.

Recentemente na Suíça foi levantado um interessante debate: a teologia que é ensinada nas universidades estatais, abertas a todos os tipos de estudantes, pode ser confessional ou deve ser secularizada? Poderá sustentar posições de fé, ou em questões religiosas deveria restringir-se apenas aos pontos referentes a uma ciência neutra? Este debate poderia ter lugar em faculdades católicas abertas a diferentes públicos, sobretudo caso se tenha resignado à ideia de incompatibilidade entre fé e ciência. Muitos acadêmicos estão intimamente convencidos de que um crente comprometido com sua fé é incapaz de uma verdadeira busca da verdade sobre todos os pontos em questão. Seria desastroso apresentar argumentos para essa suspeita. É o que torna séria a investigação teológica hoje.

É também o que suscita o interesse de um confronto permanente entre especialistas de diferentes ciências teológicas por um lado, e teólogos e intelectuais de todas as denominações cristãs (ou religiosas) e de todas as correntes filosóficas, por outro. Aí todos aprendem a levar em conta os problemas abordados por profissionais de outras disciplinas, os critérios de verdade e metodologias específicas de cada um, e o questionamento que eles fazem entre si. As diferenças religiosas logo desaparecem quando teólogos de diferentes crenças começam a trabalhar juntos, com o único propósito de buscar a verdade sobre alguma questão.

Escutando-o, tenho a sensação de que parece não haver obstáculo verdadeiramente irremediável à unidade entre os cristãos.

Eu estava considerando aqui apenas os debates teológicos entre teólogos. Naturalmente eles podem ajudar a criar unidade entre os cristãos. Mas os conflitos entre denominações cristãs são bem mais complexos, porque envolvem o tema da religião, que implica muitas outras coisas além da doutrina: um longo passado de hostilidade, outra sensibilidade em relação ao divino, um modo diferente de ler as Escrituras ou de referir-se a uma tradição, outro entendimento da Igreja e de seu governo, da piedade, da prática, do culto etc. O essencial seria que estivéssemos em concordância sobre o ensino do Evangelho. Neste ponto um acordo bastante amplo já existe, que é a base da fé. Os encontros de oração ou de partilha eucarística que se realizam ocasionalmente entre comunidades cristãs de diferentes crenças são a prova de que está em curso um movimento de unidade. A unidade se dá mais rapidamente na base do que nos aparatos hierárquicos, que via de regra oferecem longa resistência ao estabelecimento de uma verdadeira intercomunhão. O ponto principal é que um sentimento de profunda fraternidade se implante no coração dos cristãos de todas as confissões. Cada vez mais se dissemina entre os teólogos a ideia de que a unidade desejada por Cristo para a sua Igreja não é de tipo hierárquico, mas sim de comunhão de Igrejas em que cada uma viveria um modo específico de comunhão. Quando essa ideia conseguir se impor, a reconciliação entre as igrejas já estará a meio caminho.

Quarto dia

A PLENOS VAPORES NO VENTO DO MUNDO

O cristão no mundo
Ética, economia, política
Escatologia: o Reino de Deus
Mas será que precisamos da instituição?

Chegou o momento de aprofundar um novo campo de reflexão, que está intimamente ligado a tudo o que o senhor nos disse até agora: é o lugar do cristão no mundo, na história e na sociedade. A confiar nas vozes mais ouvidas do catolicismo hoje – especialmente, mas não apenas, na voz do papa – tem-se a impressão de que se trata de uma moral centrada nas escolhas da vida privada, especialmente no campo da sexualidade, em detrimento de uma moral de escolhas sociais. Essa constatação levanta uma primeira questão: por que fixar-se na moral sexual, quando os desafios da humanidade são tão formidáveis, no sentido etimológico da palavra?

Em primeiro lugar, vou retomar o tema geral que você propôs abordarmos: o lugar do cristão no mundo, na história e na sociedade. Tenho a impressão de que aqui você está perguntando pelo que é *especificamente cristão*.

Se tivesse aqui uma assembleia de representantes de outras religiões, judeus, muçulmanos, budistas, xamãs – se é que isso ainda acontece – você perguntaria: "Quais são os vossos ritos, as vossas crenças, como viveis em vossa Igreja ou em vossa sociedade religiosa, em vossa comunidade religiosa?" Você faria a mesma pergunta para todos. Mas perguntar:

"Qual é o lugar do cristão no mundo, na história, na sociedade?", significa sair de uma Igreja, de um templo, de um rito, de um culto, e dizer-lhe: "Você é cristão, mas você é um homem; então, enquanto homem, como é que você vive no mundo, na história, na sociedade? Isso terá repercussões?" Eu digo que aí você atinge o específico do cristianismo. Não é uma religião que caiu do céu, é uma religião encarnada. Daí a importância de sempre se unir a Jesus como homem, pois mesmo quando o nomeamos Deus (o que exige um pensamento muito elaborado), nós o consideramos aquele por intermédio de quem Deus se ligou à história dos homens. Mais adiante, quando você me interrogar sobre a questão da salvação, vou responder que a salvação cristã não considera apenas a outra vida, o além; é isso que vai mudar nosso modo de ser homem, de ser membro de uma sociedade, de ser cidadão, de fazer história com os outros. E creio que, se temos uma religião encarnada, se Deus se mostrou na história, nossa tarefa não será simplesmente voltar os olhos para o céu. Só precisaria fazer uma bela demonstração de poder, como no Monte Sinai quando ele apareceu a Moisés, e dizer: "Aqui, olhe para cima, é para cá que eu te levo". Ele não fez nada disso. E mesmo quando Jesus subiu ao céu, e os discípulos com os olhos fitos o seguiam de longe, um anjo lhes veio dizer: "Olhem para a terra. Voltem a Jerusalém, retomem seus afazeres".

Bem, isso quanto à questão geral que você apresentou. E para felicitá-lo por fazer esta pergunta. Vamos retornar agora para a moralidade sexual...

...pelo menos no que diz respeito à fixação da moral sexual, visto que os desafios que a humanidade enfrenta são muito mais amplos do que isso, muito mais globais, muito mais profundos.

O que você está dizendo é verdade. A Igreja busca centrar o foco preferencialmente na vida privada, a vida na Igreja, a prática dos sacramentos, a vida considerada uma antecipação do céu. É por isso que durante muito tempo o religioso foi definido como aquele que vive num estado de perfeição. O estado de perfeição é o que não tem nada a ver com o mundo, sua orientação está voltada para o céu. Antecipar a vida do céu...

A vida privada, sim. Por quê? Em primeiro lugar, diria que a Igreja não viu suficientemente como o batismo faz do cristão um cidadão do mundo de um determinado espaço, e não apenas um membro da Igreja. Como se a salvação acontecesse lá na Igreja, e não em outros lugares. Faltou dar mais atenção à situação do cristão no mundo.

Em segundo lugar, talvez eu diria também que é porque a Igreja não tem controle sobre o mundo como o tem sobre a vida cristã, entendida como ritual e sacramental. Bem que ela tentou, mas os governantes (cristãos) a colocaram de volta em seu lugar e não aceitaram o poder indireto que o papa e os bispos queriam ter sobre as coisas temporais e a condução dos reinos. É verdade que pouco a pouco a Igreja viu sua influência reduzida à vida privada das pessoas, à vida individual. Na verdade, foi isso que se chamou secularização.

Talvez seja por isso que ela agora insiste fortemente na moralidade sexual. Porque é pela sexualidade que a Igreja pode exercer da melhor forma o poder sobre a vida privada das pessoas, para além do fato de as questões sexuais sempre terem tido um aspecto sagrado na imaginação religiosa. E é bem verdade que, ao dominar a vida sexual, a Igreja se assegura certamente de um poder muito forte sobre a vida de seus fiéis. E, mesmo quando apela para a excomunhão, ela ainda gera efeitos traumáticos sobre a sociedade humana; vimos isso recentemente no caso de Recife.

Uma última palavra sobre esta questão. Um historiador observou recentemente que os papas, na medida em que insistiam na moral sexual, estavam se afastando do mundo das mulheres, os primeiros alvos e as primeiras afetadas pelas condenações nesse campo; a cada nova intervenção pontifícia, víamos deserções maciças de mulheres, e era espantoso ver esse comportamento suicida por parte da Igreja católica, visto que muitas paróquias iriam simplesmente ruir se as mulheres deixassem de exercer suas atividades e de se interessar pela formação religiosa de seus filhos.

Quando é, então, que o Magistério aceitará que a moralidade tem fundamentalmente a ver com a autonomia da consciência e confiará na consciência dos fiéis?

O lugar do cristão no mundo, na história e na sociedade não pode ser considerado sem ao mesmo tempo levar em conta a articulação entre o crente e o cidadão. Podemos ver bem, em todo caso entre os cristãos, que por razões muito diferentes um ou outro se sentirá obrigado a fazer prevalecer as exigências da sua fé frente às da lei...

...da lei civil?

Exato, da lei civil. Vemos isso em alguns centros extremamente conservadores em questões de moral sexual, e também, em outro polo, com cristãos muito engajados, por exemplo no fomento de uma vida digna para os migrantes, e em nome da defesa da dignidade e da vida dos próprios migrantes acabam entrando em conflito com a lei civil. Ora, o fato de ser crente – cristão ou não – implica necessariamente dar uma forma de primazia ao que se considera ser a lei de Deus sobre a lei dos homens?

Eu não entendi bem o que você chama a lei de Deus.

Em vez de "a lei de Deus", falemos do que o crente considera ser as exigências do que ele acredita.

Ah! De certo modo, retornamos ao problema de Antígona. Admito que minha fé cristã pode opor-se às leis do Estado, sim, admito-o. Pelo menos no que diz respeito à condução de minha vida privada. Temos um governo que tolera o divórcio ou o aborto: não diria que minha fé cristã me impede de reconhecer a legitimidade deste governo, não! Mas de minha parte não praticarei o aborto, defendo a indissolubilidade do matrimônio etc. Em outras palavras, um cristão que afirma: "Sinto-me autorizado a fazer tudo o que o Estado permite", é um cristão que perdeu totalmente o senso dos valores inerentes ao cristianismo. Não digo isso para condenar formalmente as práticas estatais, mas creio que o Estado não é uma instituição moral e, portanto, não faz *leis morais*; o Estado tem a preocupação de evitar um mal maior. Então, o Estado constata que há milhares de mulheres que morrem por causa da prática do aborto selvagem, por isso ele diz: "O aborto é permitido dentro de tais limites"; e eu, como cristão, não me sentirei autorizado a praticar o aborto porque o Estado o permite, mas talvez me sinta autorizado a fazê-lo por outras razões, embora minha Igreja o proíba, porque por parte da Igreja uma coisa é proibir o aborto – e ninguém a está acusando por proibi-lo – e outra coisa é condenar as pessoas que o praticam, como fez recentemente o arcebispo de Recife; eis aí uma atitude com a qual a Igreja não sabe bem como lidar para permanecer na verdade do Evangelho – como no caso em que Jesus perdoa a mulher adúltera.

Creio que não esgotamos completamente a questão, porque se eu me insurgir, por exemplo contra o que está acontecendo nos centros de detenção, não estou simplesmente me insurgindo em assuntos de foro íntimo: protesto contra isso, fazendo referência ao Evangelho...

Então você diz que a fé cristã pode levá-lo a resistir inclusive às leis? Sim... Se sinto alguma reticência nesse caso, é que me pergunto o que me autoriza a proibir mandatos antiabortivos! É aqui que sinto falta de alguma coisa, e por ora não tenho a resposta...

É verdade que, se cada um por si lançar mão do Evangelho, isso pode levar a conclusões bem distintas. Não é tão simples...

Daí a utilidade de abrir um debate! A Igreja não permite que os fiéis debatam entre si, porque afirma ter o monopólio do ensino. É precisamente nesse ponto que ela lhes tira a responsabilidade. E, por outro lado, ela não quer entrar no debate social: em nome de sua autoridade superior, tem a verdade sobre tudo... Essa atitude já não é admissível! Mas no que diz respeito a legitimar ações – digamos – contra a lei, tenho lá minhas reservas, porque com isso poderíamos muito bem estar legitimando grupos terroristas etc. Seria necessário definir em que contexto é permitida uma resistência e em que medida não. Tenho a impressão de que nesse ponto não podemos dar uma resposta teórica e universal. Todavia, creio que é o caso de se provocarem debates nas comunidades cristãs, envolvendo outras pessoas que não sejam cristãs, mas que partilham os mesmos valores – que de fato são valores evangélicos – porque não se pode *a priori* negar o direito de resistência à vontade política. Devemos tomar cuidado para não abalar o princípio da vontade geral, que é a base da democracia. É exatamente nesse ponto que vemos a necessidade de introduzir na teologia a reflexão política. Vários de meus amigos jesuítas receberam formação e estão trabalhando com competência nesse sentido; não é o meu caso.

Numa época não tão distante, a Igreja condenou radicalmente o comunismo. Por que não condena com a mesma radicalidade a ideologia contemporânea que faz da economia o alfa e o ômega da vida da sociedade, com efeitos terríveis e visíveis na vida individual e coletiva?

No comunismo, a Igreja viu antes de tudo o ateísmo. Talvez ela não tenha sabido ver esse aspecto também no nazismo, porque havia prelados torcendo pela vitória de Hitler sobre Stalin. Não precisamente – ou talvez em parte – porque apoiassem o nazismo, mas porque diziam: "pelo menos isso vai suprimir o ateísmo". É a primeira coisa.

Uma segunda coisa é que, na condenação do comunismo, a Igreja quis preservar o direito à propriedade privada. Nesse caso, sim, haveria muitas perguntas a serem feitas. Por que a Igreja queria defender certo tipo de sociedade que permite o aumento da riqueza sem qualquer controle? Podemos nos questionar se não estava por demais imbuída por uma mentalidade capitalista que ela teria aceito sem se dar conta, vendo o capitalismo como a melhor defesa da propriedade privada.

Pode ser que a Igreja estivesse comprometida com certa forma de sociedade favorável ao enriquecimento, em detrimento de maior distribuição de bens, riquezas e dos meios para os adquirir? No entanto, seria injusto esquecer as intervenções dos papas nas questões sociais desde o final do século XIX, que mostraram a Igreja à escuta do mundo dos pobres e trabalhadores. As encíclicas pontificais impulsionaram numerosas iniciativas, individuais e coletivas, em favor dos trabalhadores e das populações desfavorecidas, bem como a numerosos estudos sobre questões de economia, organização do trabalho e proteção dos trabalhadores. Tudo isso contribuiu para uma mudança acentuada do perfil da Igreja contemporânea.

Mas ainda há muito que fazer para transpor o espírito do Evangelho para a regulamentação dos meios de produção e de crédito. Todavia, temos de reconhecer que não podemos tirar do Evangelho um código de trabalho, uma teoria da economia ou das finanças públicas. Nem sequer seria prudente que os papas quisessem ensinar sobre tais questões técnicas a governos, economistas, agências de crédito ou líderes empresariais. O que se pode fazer é inspirar-se no espírito do Evangelho para abordar essas questões com o máximo de justiça e de ética, com preocupação voltada sobretudo para com os "pequenos", os pobres e os que sofrem com a dureza da sociedade. Também seria de se esperar que os líderes da Igreja estivessem bem mais próximos dos pequenos do que daqueles que detêm o poder ou o dinheiro.

O senhor dizia há pouco que a Igreja se empenhou na defesa da propriedade privada. Isso não contradiz a ideia do "destino universal dos bens" ou outras ideias semelhantes que mostrariam maior proximidade da prática cristã com a prática comunista – que possivelmente jamais existiu na história – do que com a prática capitalista que conhecemos?

É possível que a Igreja considerasse a propriedade privada uma extensão da pessoa. Nesse caso, ela teria sido movida por um pensamento personalista, pelo que eu certamente não a censuraria.

Há pessoas, porém, que, vendo agora como o espírito do Evangelho influenciou a modernidade, podem censurar a Igreja por favorecer um espírito de individualismo em detrimento de uma vida mais socializada. Por exemplo, o medo do juízo final induziria mais a preservar-se do pecado do que a inquietar-se pelo bem comum, ou a busca da santidade levaria os cristãos a fugir dos bens terrenos em vez de melhorar as condições de vida na terra para o maior número possível de pessoas; grande número de santos se destacaram mais por socorrer os pobres do que por criar novas fontes de riqueza. Poderíamos censurar a ascese cristã, assim como a maioria das religiões que preconizam a salvação individual a ser adquirida por meios puramente religiosos ou espirituais. Outros, ao contrário, elogiaram a ascese calvinista por ter promovido a ascensão do capitalismo de mercado, ou a adoração de relíquias, muito tempo antes, por ter contribuído para o desenvolvimento do comércio. Pergunto-me sobre a fundamentação de tais juízos. É um fato que o capitalismo nasceu nos países da cristandade. Mas o desejo de acumular bens para o prazer individual não esperou para ouvir a opinião do cristianismo a respeito disso. Considere-se a censura dos profetas aos grandes proprietários de terras e usurários.

De minha parte, diria simplesmente que em certos momentos surgem novas condições de produzir ou adquirir riqueza devido ao desenvolvimento da ciência e das técnicas, criando problemas éticos sem precedentes; e as mentes religiosas da época, com base em sua própria espiritualidade, precisam tentar resolvê-los, bem ou mal, sem que o gênio da religião tenha absolutamente nada a ver com isso. Você faz alusão à ideia de "destino universal das coisas". Não consigo ver bem a que teoria específica você está se referindo. Mas acredito reconhecer aí uma ideia tirada da história bíblica da criação: Deus colocou todos os bens da criação à disposição de todos os homens, o que deveria proibir alguns indivíduos de se apossar deles em detrimento de todos os outros. Na verdade, é uma ideia justa que pode ser tirada das Escrituras. Mas parece-me mais adequada a inspirar o altruísmo generalizado do que a promover uma teoria precisa do desenvolvimento econômico, do comércio ou da regulação do fluxo financeiro. Tiro daqui a simples conclusão de que o Magistério faria bem em informar-se melhor sobre ciência política e econômica, como se esforça por fazer em outros campos, a fim de dar aos fiéis orientações mais exatas sobre todas essas questões.

Na medida em que recebemos instrução de décadas de história, por que esse silêncio persistente sobre a denúncia da idolatria do dinheiro, caraterística da sociedade contemporânea? Ainda mais porque essa idolatria do dinheiro leva à devastação daquilo que o crente considera criação; e também à desumanização das pessoas, consideradas apenas agentes econômicos racionais.

A Igreja não tem controle sobre questões econômicas ou financeiras. Não apenas porque carece dos meios para intervir, mas também porque não tem conhecimento necessário. Se começar a se pronunciar nesse campo sem tomar posição sobre os aspectos técnicos das questões, temo que a Igreja se contente em oferecer desejos generosos, mas inoperantes, porque demasiado vagos, ou algumas imprecações que não mudarão nada, porque não tem nenhum objetivo preciso. Se, por outro lado, se embrenhar em questões bastante técnicas, logo encontrará pessoas competentes cobrando explicações sobre sua intromissão, ou que irão contradizer suas afirmações com igual precisão.

Ouço vocês sussurrarem que a instituição do Vaticano e muitas outras instituições eclesiásticas estão demasiado comprometidas com os poderes monetários, porque encontram ali seu interesse na defesa e na prosperidade dos bens da Igreja. Isso é perfeitamente possível, e lamento-o tal como você. Mas é preciso lembrar também que muitos católicos e outros cristãos que sabem fazer críticas honestas ao capitalismo mundial, à gestão do comércio internacional, à desregulamentação dos mercados financeiros etc., não são menos partidários da manutenção do sistema capitalista e da regulamentação dos mercados pela lei da oferta e da procura, mesmo que seja pela simples razão de que não veem outra alternativa. Também será importante evitar dividir cristãos em relação a questões que não podem ser decididas por uma simples palavra de fé.

Você tem toda razão em denunciar os atuais malefícios da globalização. Assim como você, eu gostaria de ouvir uma palavra forte e esclarecedora da Igreja sobre essas questões. Mas por que você quer que ela venha do papa ou de outros dignitários eclesiásticos? Não faltam leigos cristãos com reconhecida competência nos diferentes campos que você evoca; cabe a eles esclarecer outros cristãos sobre essas questões, mudar as mentalidades predominantes, fazer repercutir uma palavra do Evangelho fora da Igreja que faça a diferença – e já há muitos que estão empenhados nisso e com muita competência. Sim, você poderá me responder, mas eles não falam com autoridade em nome da Igreja. Nisso você tem razão. Por isso, temos de trabalhar – neste ponto, como em muitas outras questões evocadas em nossas discussões – para que a hierarquia católica aceite que leigos responsáveis e competentes comecem a fala em seu nome na Igreja e no mundo e que o façam com autoridade.

Em muitas questões éticas que não podem ser decididas por uma palavra da Escritura, a Igreja se submete voluntariamente àquilo a que chama de "lei natural"; utiliza-se dela para fundamentar os direitos do indivíduo frente à sociedade, à organização do bem comum da sociedade, à sexualidade etc. Mas o que lhe dá autoridade para usar a lei natural, que evolui no tempo e em todas as culturas, e provém da razão comum? Trata-se de uma questão muito séria que alimenta amplamente a disputa entre a Igreja e o mundo: pode ela fazer leis absolutas e definitivas numa matéria que admite a diversidade e a mudança, e pode decidir por si só sem debater o assunto com outros organismos igualmente interessados? A questão decorre de muitos dos debates da sociedade, quer se trate de bioética ou governança política, gestão econômica, comércio global ou regulação dos fluxos financeiros.

É necessário que a Igreja leve seu espírito evangélico para orientar as pesquisas, denunciar o que é contrário a esse espírito, despertar e a iluminar a consciência dos cristãos. Para isso, ela também precisa saber atrair para sua reflexão cristãos e outras pessoas que lutam diretamente com todas essas realidades, visto que ela não é uma voz solitária e nem desencarnada. Em todas essas questões relativas ao futuro da sociedade, à promoção da humanidade, a Igreja deve humanizar seu anúncio, isto é, dar voz a seus cristãos, àqueles que estão diretamente em contato com esses problemas, e não simplesmente ditar de cima para baixo uma resposta tirada diretamente de um ideal religioso distante dessas realidades. E, assim, retornamos à importância de convidar os leigos a falar com responsabilidade e autoridade, e à urgência de fazer ouvir sua voz sobre questões que lhes dizem diretamente respeito.

O cristão é levado a fazer a leitura e o discernimento dos sinais dos tempos. Como definir o mal? Como podemos discernir as formas contemporâneas do mal? O que o senhor, como teólogo e ao mesmo tempo como homem, tem para dizer sobre isso?

Primeiro, o que chamamos sinais dos tempos? Não são coisas misteriosas que aparecem no céu. Jesus dá exemplos muito concretos: "Vocês sabem como observar as estações. Vocês sabem ver o curso da lua". Isto significa que: "Vocês, cristãos, sabem observar a evolução das coisas, da sociedade, das produções, das técnicas, dos regulamentos trabalhistas etc.?" Trata-se de observar.

Como definir o mal? Numa primeira abordagem, bem geral, podemos defini-lo como o que é contrário à vida. Onde quer que uma técnica gere a morte, a escravidão, ali está presente o mal. E é precisamente ali que a Igreja deve intervir. Não diria, por exemplo, que o mal absoluto é "matar uma vida inocente", como dizemos – refiro-me à destruição de embriões –, é, em primeiro lugar e acima de tudo, aquilo que provoca a morte das pessoas: o ódio, a guerra, a fome, o descuido das organizações responsáveis, regulamentos estúpidos etc. Lutar contra o mal seria, portanto, desenvolver a medicina, os cuidados de saúde, o apoio aos doentes e aos idosos, a proteção das crianças abandonadas etc. Sim, o mal é tudo o que impede o crescimento da humanidade em direção ao Reino de Deus.

O que acabei de dizer concerne ao mal físico. Mas o importante não é apenas defini-lo, mas sim combatê-lo, não só o mal em si, mas todas as ações humanas que o produzem ou levam a isso, e promover todas as ações capazes de preveni-lo e cuidá-lo. Entramos assim no campo da ética, e enfrentamos o mal ético.

Por vezes comentando os primeiros capítulos do Gênesis, vários filósofos se interessaram pelo que o dogma chama "*o pecado original*" e pelo que eles chamaram de mal originário, fundamental ou radical. No século passado, Jean Nabert o definiu, numa linha hegeliana, como a "secessão ou divisão da consciência": é o fato de o homem tomar consciência de si dizendo "eu" e opondo-se ao "si" comum da humanidade. Na linguagem da ética teológica, o mal é o egoísmo que faz com que o indivíduo se volte para dentro de seu próprio eu superficial, impedindo-o de cumprir sua profunda humanidade na abertura aos outros, o que por sua vez se opõe à unificação de todos os homens "à imagem de Deus", seu criador.

Do mesmo ponto de vista da relação com o mundo, a história, a sociedade, as noções de amor e justiça têm alguma relação? E, em caso afirmativo, como se articulam?

É principalmente aqui que intervém o espírito do Evangelho. Quando digo "o espírito do Evangelho", não estou colocando de lado o Antigo Testamento, no qual as noções de amor e de justiça ocupam bastante espaço.

O amor tende à igualdade. Creio que Aristóteles já falava disso. É óbvio que o amor envolve a justiça, pois ele a faz intervir em lugares em que há desigualdades flagrantes às quais não se pode remediar. Por exemplo, quando se diz que os jovens não têm os meios de acesso ao trabalho e à educação, o amor encoraja a denunciar essa situação. A injustiça deve ser prevenida ou reparada antes de fazermos doações aos pobres, às instituições de caridade, às ONGs etc. O amor desmascara as injustiças. Antes de ser compassivo, o amor é justo. E a justiça exige a igualdade.

O espírito do Evangelho me parece muito bem definido pelas três palavras bem conhecidas: liberdade, igualdade, fraternidade. Liberdade do homem frente à sociedade, ao poder; e isso condena todos os regimes fascistas. Igualdade de oportunidades, mas também de acesso aos bens da natureza, necessários à vida, e aos bens da cultura, necessários à promoção do indivíduo; igualdade dos sexos nos direitos jurídicos e políticos, no acesso às posições de liderança, na remuneração do trabalho. Tudo isso num espírito de fraternidade que deve influenciar o modo de comandar, servir e viver na sociedade.

É possível dizer que a justiça é a manifestação privilegiada do amor? Ou a estamos reduzindo em demasia?

Talvez eu não dissesse "privilegiada", mas "fundamental". O privilégio do amor seria gerar algo em excesso. A justiça não me mandará dar metade de meus bens aos pobres. A caridade poderá incitar-me a isso. E recordo a definição que Jesus lhe deu e exemplificou por sua vida e sua morte: "Não há maior amor do que dar a vida por aqueles que você ama."

A "caridade" entendida como "caritas"?

Caritas, amor ou *dilectio, eros* ou ágape, como você preferir, porque não me importo muito com essa disputa terminológica. Mas é claro, a caridade como amor fraterno. E é por isso que a fraternidade, como o terceiro elemento do lema republicano francês, mostra como essa trilogia deve permanecer aberta: a liberdade não tem outro limite do que sempre tratar o outro como um fim, nunca como um meio, e respeitar o bem comum; a igualdade está sempre à procura de lutar contra a discriminação e reparar injustiças; a fraternidade não conhece qualquer exclusivismo na definição do próximo, nem restrições na prestação de serviços a quem mais deles necessita. Nunca atingimos o ponto que delimita em que o outro se tornará meu irmão.

Poderia esclarecer esta última afirmação?

Quando é que eu trato o outro como um irmão? A ambição de tratar qualquer outra pessoa como um irmão é comprometer-se com algo enorme. Isso nos faria dizer a alguém que encontrássemos na rua: "Você não tem uma cama, pegue a minha". Vai até esse nível. Não há dúvida de que a prudência ou a temperança, que também são virtudes, iriam intervir a fim de limitar minha compaixão, dizendo: "Mas não, você não pode alojar em seu quarto todos os sem-teto da cidade". No entanto isso não impede que a caridade insufle uma enorme insatisfação nas pessoas encarregadas de organizar a sociedade não só por não poderem sanar todas as misérias, mas mais ainda por não conseguirem suprimir todas as injustiças. Em termos de vida privada, jamais vou conseguir colocar o outro verdadeiramente no mesmo nível de igualdade comigo, tratando-o absolutamente como um irmão, por exemplo aquele que não tem a mesma cor de pele que eu. O horizonte da caridade está aberto ao universal, e seu preceito é absoluto: amar todos os homens como filhos de nosso Pai comum. Jesus chegou a estender esse preceito a um ponto desconhecido da antiga Lei: "Amai os vossos inimigos como Deus os ama". Porque Deus quer a conversão do pecador, e não a sua morte, ele nos lembra. Este é o espírito evangélico, que sempre irá ultrapassar o legalismo que regulamenta as relações numa sociedade política e se contenta simplesmente em denunciar os crimes.

Se retomarmos o exemplo dos sem-teto que lotam as ruas de nossas cidades, e até da incapacidade que muitos de nós teríamos em assumir a responsabilidade por eles, é evidente que o comportamento individual não será suficiente. Isso nos coloca inevitavelmente diante da necessidade de um compromisso político, de um compromisso coletivo da sociedade. Não será este um dos desconcertos que nos preocupam hoje: ter plena ciência de tudo o que precisa ser feito para tratar o próximo como igual e a impossibilidade de fazê-lo? Esta é a imensa questão que enfrentamos como comunidade, como sociedade, não apenas como indivíduos.

Correto. É por isso que a caridade exige também uma organização comum, uma organização social. A caridade também deve planejar seus esforços; deve adentrar no domínio concreto das organizações estatais, das Nações Unidas e de outras organizações privadas. A mesma preocupação organizacional deve ser imposta à Igreja e às comunidades cristãs; dentro de certos limites, isso já vem sendo feito – além do fato de que os cristãos não devem ser obrigados a trabalhar em metas relevantes para o bem comum somente em organizações de cunho católico. Tentar eliminar a miséria ou a injustiça é obviamente utópico. É uma utopia que deve mobilizar nossas energias para defender a dignidade de cada homem, onde quer que seja possível fazê-lo, e para fazer recuar mais um pouco os limites do possível.

O cristianismo tem uma dimensão escatológica: a esperança de que a história esteja orientada para um fim e de que este fim seja colocado sob o sinal da salvação, da libertação; é o que chamamos de Reino de Deus. Podemos ir decompondo essa dimensão por meio de uma série de questões? E, para começar, o que é a salvação para quem abraça o caminho de Cristo?

Primeiro, digamos que o ser humano sempre esteve em busca da salvação. Uma coisa me impressionou recentemente quando eu pesquisava sobre a origem do ato de crer: os homens estão procurando a salvação desde as origens da humanidade. Que salvação? Primeiro, a ajuda de Deus (dos deuses) para afastar os perigos da existência, porque a morte está em toda parte, a vida é difícil, o homem pode perder a vida de um momento para outro, a natureza é caprichosa, pode destruir colheitas ou rebanhos. Então o homem começa a dirigir sua atenção aos deuses, aos que governam o universo, à divindade que comanda a vida, para obter a salvação que ele precisa em todos os momentos para se manter vivo.

Depois essa salvação foi deslocada para além da morte. A humanidade não precisou esperar o cristianismo ou o judaísmo para se preocupar com essa vida no além. As sepulturas das civilizações mais antigas atestam o sentimento de que a morte não cria um fosso absolutamente intransponível entre os vivos e os mortos, de que entre eles se mantém uma certa comunidade de vida, que persiste um dever de solidariedade dos vivos para com os falecidos – em muitos povos isso vem expresso no costume de deixar alimentos junto às sepulturas. Posteriormente, surgiu a esperança de compartilhar a imortalidade de Deus, a quem o homem se assemelha por natureza. Essa ideia não nasceu no cristianismo nem no judaísmo antigo, mas na filosofia grega de cunho racionalista – isso diz muito sobre o enraizamento de ideias religiosas na razão humana.

O próprio cristianismo teve de ensinar a fé na *ressurreição dos mortos*, e mais precisamente, a ressurreição dos corpos, da carne. Não sabemos o que ou como será um corpo ressuscitado; o dogma chama-o de corpo glorioso ou espiritual, para significar que ele será despojado da corruptibilidade de tudo o que nele é mortal. Só sabemos que não existimos sem o corpo, que é nosso vínculo com o universo e com os outros, que é, portanto, parte da nossa identidade, da nossa história, da nossa vida. Dizer que ressuscitamos com nosso corpo significa que ressuscitamos na totalidade da identidade pessoal que foi construída em nossa história e na totalidade das relações que temos com os outros e com o universo, que constituem nossa existência histórica.

Dizemos que ressuscitamos como pessoas. A Igreja faz questão de afirmar isso; mantém seu personalismo até o fim. Ela tem razão em fazê-lo, apesar de tender a individualizar excessivamente a pessoa, por causa do dogma da retribuição final do bem e do mal que cabe a cada um.

Mas o que é uma pessoa? Também não sabemos muito bem. Sabemos o que é um indivíduo. Mas uma pessoa? Digamos que é um ser em relação: não existimos sem relações com os outros, por meio das quais percebemos, habitamos e humanizamos o universo, e todas essas relações entrelaçadas fazem parte da edificação da nossa pessoa. Segue-se que todos vivem nos outros e do que recebem deles, não apenas em si mesmos, a partir de si mesmos e para si mesmos. Ora, ressuscitaremos com todos esses vínculos: isso sugere a ideia de uma ressurreição mais universalista do que individualista.

São Paulo escreveu que no fim dos tempos "Deus se tornará tudo em todos"; eis que algo acontecerá: ele habitará em todas as pessoas e em tudo o que é o universo. E uma vez que ressuscitar significa alcançar a perfeita semelhança de Deus, eu, meu ser terá se tornado totalmente relacional. E, como meu corpo é minha existência no universo, segue-se que o universo também ressuscitará.

Assim, quando concebemos a salvação cristã pela ideia de subir ao céu e viver na contemplação de Deus, essa definição não é muito satisfatória. Haverá outras coisas para se fazer, uma vez que o próprio Deus estará ocupado com outras coisas: percorrer o universo para uni-lo, habitá-lo, espiritualizá-lo, amá-lo. E também nós estaremos ocupados a fazer o mesmo que ele faz, com ele e nele, e ele conosco e em nós. Costuma-se falar também de repouso eterno, algo que não é lá tão tentador nem muito estimulante. Penso que estaremos começando um trabalho eterno: nós nos tornaremos co-criadores com Deus, co-animadores deste universo. Será que isso tem um fim? O livro do Apocalipse promete-nos novos céus e nova terra, da qual a morte, o sofrimento, a tristeza e o luto serão para sempre banidos: portanto, longa vida ao universo, onde Deus fará sua morada pela eternidade. O universo transformou-nos por sua constante evolução; de nossa parte, nós também o transformamos e continuaremos a transformá-lo por nosso pensamento e por nossa ressurreição – coisa que o padre Teilhard de Chardin já havia nos mostrado.

Ressuscitar com o universo será recuperar tudo o que tem sido feito nele pelo trabalho dos homens. O que merece ressuscitar é o que traz a marca do espírito e da liberdade. Nosso corpo ressuscitará em tudo o que produzimos de liberdade de espírito, com tudo o que "trazemos ao mundo"; tudo isso viverá em Deus, e em Cristo, pois ressuscitamos nele. O corpo de Cristo que formamos pela fé, e no qual se interligam todos os nossos laços com as outras pessoas e com as coisas, é a matriz onde se faz o novo universo.

Trabalharemos, estaremos do outro lado, no invisível do mundo, ligados a todos os nossos irmãos deste mundo, cuja vida partilhamos, a quem damos de nossa vida assim como recebemos da deles: este será o corpo da ressurreição universal, o que chamamos de *comunhão dos santos*. É isso que sonhavam os antigos que enterravam seus mortos perto de suas casas, e com os quais partilhavam sua comida, com a ideia de que nada pode romper a solidariedade daqueles que receberam da divindade, pela natureza, o dom comum da mesma vida que partilham. O cristianismo retomou e realizou este velho sonho de universalidade que recebeu do mundo pagão, abrindo-se a ele sem exceção; ele tira da encarnação esse vínculo ao universal, pois em Cristo o Verbo de Deus uniu-se com toda a humanidade.

Ele também recebeu dos profetas de Israel o que os teólogos chamam *a escatologia*, que é a visão, a espera dos tempos do fim. Houve um primeiro momento dos tempos, para que pudesse haver um último? Nada sabemos. Sabemos que nosso planeta Terra surgiu em algum momento, e explodirá num momento já definido pela evolução do cosmos. O universo existia antes dele, e continuará a expandir-se por muito tempo depois de seu desaparecimento. Estamos nos encaminhando para sua conclusão, o que não diz a mesma coisa. Nós trabalhamos agora, e continuaremos a trabalhar quando estivermos em Deus, para construir este universo como Deus o vê e quer; ele é o único que pode vê-lo como universo e *tê-lo* como residência eterna.

Podemos falar também de uma salvação no aqui e agora?

Para mim, ela acontece de modo contínuo. A ressurreição é um processo humano e cósmico contínuo. Ressuscitamos desde agora pela existência que nos damos e recebemos de Deus no invisível do mundo, e não em outro mundo invisível, pela nossa caridade, pela nossa liberdade, pelo nosso trabalho com os outros; e o que se segue à morte será a continuação desta obra de outro modo, no invisível da história, no qual sempre teremos meios de ação, não mágicos, em virtude da circulação do Espírito que passa dos vivos aos mortos. É assim que eu imagino o que costumamos chamar a outra vida, e que na verdade é o abaixo e o além da vida na terra, porque a vida é uma.

A escatologia, portanto, não consiste em dizer: "Não viva para este mundo: ele é finito". Mas antes: "Não viva para possuir e dilapidar o mundo; antes, viva intensamente para transformá-lo num reino de justiça e de amor, porque após a morte você irá encontrá-lo exatamente como procurou construí-lo para os outros; não se deixe absorver pelas coisas, pelo egoísmo, pelo dinheiro; comece a viver agora uma vida de relação, porque esta será também a vida real que o espera".

Se não somos capazes de viver em relação agora, o que equivale a doar nossa vida, imagine o que será o além para nós. É a questão da morte eterna, sobre o que você me interrogava. Nem sequer a podemos representar. Talvez algo assim como levar uma vida de larva, parada, uma sombra de vida, na escuridão, como a imaginavam os homens das civilizações antigas. Ou retornar ao nada, se é que isso seja possível. A vida só precisa ser partilhada, nós só recebemos a vida para doá-la. É nisso que consiste a alternativa entre vida eterna ou morte eterna; não conheço uma terceira opção.

O senhor mencionou a carne, o egoísmo, o dinheiro, como elementos ou mesmo forças dos quais cada um de nós seria chamado a se libertar. Como podemos nos livrar disso?

Jamais poderemos nos libertar totalmente disso. Todos os homens são pecadores, e em certa medida continuarão a sê-lo, mas a graça de Deus é um auxílio para sair daí – é isso que a Escritura nos ensina. O que é viver no pecado? É viver nas mentiras, não é amar a vida, a vida real, é viver para a morte.

A vida é um dom, e por conseguinte nos é dada para que possamos doá-la aos outros. Vivemos verdadeiramente na medida em que nos doamos; viver em plenitude é doar-se até o ponto de se perder: este é o paradoxo do Evangelho do qual Jesus nos deu o ensinamento e o exemplo. Na medida em que vivemos voltados apenas para o nosso pequeno eu, buscando fazer com que o mundo gire ao nosso redor, querer ter o mundo só para nós, dominar os outros, é aí que vivemos no pecado e na morte. Ao longo de nossa existência nossa luta é precisamente buscar nos libertar dessas tendências tirânicas, dessas forças mortíferas imanentes. Vivemos na medida em que lutamos contra as forças de morte que nos envolvem. A vida é uma luta perpétua para não se deixar tomar pela morte, que é essencialmente o egoísmo, a ilusão de imaginar viver mais plenamente quando se vive por si mesmo.

A liberdade nos foi dada para nos libertarmos do egoísmo, ela adquire força quando se nutre do poder de Jesus e o toma como modelo. Precisamos libertar o "eu" do "ego". O ego é a vontade de possuir; na verdade, nosso "eu" acaba sendo esmagado por tudo que o "ego" vai recolhendo, que não cessa de se inchar em detrimento do "eu". O "eu" só pode nascer, germinar e se desenvolver num processo de despojamento. Ele deve livrar-se de todos os laços que o submetem ao "ego", substituindo-os por laços com o próximo, laços de caridade, de justiça, de fraternidade, que estabelecem relações entre pessoas.

Para muitas pessoas no planeta, este é um empreendimento que via de regra é posto entre parênteses. Que ajuda a religião pode dar nesse ponto?

Para isso eu não apelaria para a religião; diria que a melhor ajuda para a liberdade é a fé, que é o ato de sair de si mesmo, como é o caso do amor. Ter fé é abrir-se ao infinito; e isso me faz viver de modo mais aberto para o mundo, para mim, para o ser, para a família etc.

A fé me permite comungar com a fé de Jesus, e por conseguinte me comunica sua energia, sua vida. Trata-se de um processo eterno, porque os laços do egoísmo sempre crescem. A fé é a energia que a fé de Cristo em seu Pai nos dá para sermos livres de tudo o que escraviza.

Então qual é a contribuição da religião? Não existe o sobrenatural puro. Ela permite apoiar-se nos outros para se emancipar do "ego" e nos faz beneficiar da comunhão de fé com os outros. Em minha opinião, este é o sentido do sacramento: ele nos possibilita comungar da fé dos outros.

Está se referindo à eucaristia?

Penso sobretudo na eucaristia, da qual nunca devemos esquecer o ato fundador: seu elemento fundamental é uma refeição, uma partilha, a partilha do que é mais elementar e necessário, o pão; partilhar seu pão com os outros, e em primeiro lugar com aqueles que não o têm. É o gesto fundamental da fraternidade, é o sentido profundo da eucaristia.

Quando se diz que é necessário celebrar a eucaristia voltados para a parede de fundo da igreja, como na época em que o altar estava quase colado a essa parede e o sacerdote postava-se sozinho diante dele, voltando as costas aos fiéis, então teremos transformado a eucaristia num ato mágico. Costuma-se dizer que o foco de orientação deve ser Deus, como se Deus não estivesse na comunidade dos fiéis que celebram a memória de seu Filho, morto e ressuscitado por nós. Mas não, na Eucaristia Deus está ali, Jesus está ali; ele passa pelo meio de nós; comunica-nos sua força; e isso acontece na sociabilidade da eucaristia. É sempre bom lembrar que todos os sacramentos são atos sociais. Eles só fazem sentido no corpo de Cristo, que é formado por aqueles que creem nele. Se pelo menos estivéssemos bem convencidos dessa verdade, poderíamos livrar-nos de alguns dos bispos cismáticos de hoje, que não se sabe bem como foram ordenados.

Diante da enormidade das dificuldades em que nos encontramos, o senhor lembrou que o que nos pode ajudar é a fé, mas a fé de pessoas em relação. Como estamos em relação? O senhor nos explicou que estamos dentro de uma tradição, ligados uns aos outros, e que essa tradição está evoluindo. Mas isso não impede que nos sintamos sós frente às questões que nos afligem hoje.

Sim, porque vivemos a Igreja de forma demasiado institucional, que esconde o aspecto relacional, isto é, fraterno. Talvez não precisássemos voltar ao comunitarismo, mas o Evangelho inicialmente era vivido na comunidade. O Evangelho se aprende. Não existem fórmulas mágicas. E mesmo o Evangelho escrito que recebemos, não é a aula do mestre, é algo que nos é dado para repensar, para reinterpretar sempre juntos. É bem isso que precisamos redescobrir. Redescobrir, digo, pois é o que foi vivido nas origens. Talvez seja a vantagem que podemos tirar da atual crise da Igreja, que é uma crise institucional, a saber, permitir sua refundação numa verdadeira socialidade vivida numa fraternidade. Esta manhã, ouvi um jornalista falando da crise nos estados da Europa Oriental – alguns deles estão se desagregando – dizendo: "Isso pode ser uma coisa boa, porque pode ser a maneira como irá nascer o espírito comunitário". Parece ser algo muito semelhante ao que diz respeito aos males atuais sofridos pela Igreja. É bem provável que precise bem mais que isso para que o espírito de comunhão prevaleça sobre o legalismo da instituição.

No ponto em que estamos, podemos concordar sobre o que se entende com a expressão do Reino de Deus anunciada por Jesus?

Jesus não o definiu. Talvez devêssemos reconhecer que as coisas mais fundamentais não podem ser restritas a definições, nem mesmo a ideias claras. Para começar, o que é Deus? Você tem uma ideia clara de Deus? Dizemos que cremos em um Deus pessoal. Primeiro, se diz haver três pessoas divinas; depois, se diz que há um único ser consciente de sua unicidade; é complicado. Sabemos o que é a natureza humana? Nós a vemos mudar diante dos nossos olhos. Mas vamos voltar ao que estávamos falando anteriormente.

Será que Jesus sabia o que estava dizendo quando falava do "Reino de Deus"? Até certo ponto, sim. Ele era movido pelo espírito dos profetas que viram que a salvação não se realizara, que a aliança com Deus não tinha tomado forma, uma vez que o povo judeu ainda estava cativo das nações pagãs; então, começaram a se voltar para um futuro melhor, um futuro de justiça, paz, fraternidade, sob a condução de Deus, e isso é o que se chamava de Reino de Deus: um novo estado de coisas que Deus estabeleceria quando viesse à terra para inaugurar seu reinado sobre Israel e sobre as nações. É isso que Jesus anunciou, sem saber muito como iria se concretizar. Além disso, Jesus apresenta-o como um futuro: ele está se aproximando; mas também como um presente: ele já está à porta; e depois designa-o de forma social: ele está no meio de vós, já vos reúne.

Será que este Reino de Deus realmente chegou? Sim, mas somente em estado de germe, energia, força nova, esperança crescente, espírito novo semeado nos corações. Qual o material que Deus quer usar para criar seu reino, a não ser o que ele criou, a humanidade e o universo? Não devemos esquecer o universo, porque se este desaparecer, nada mais existe, não haverá mais seres humanos. Por isso, este Reino de Deus é a unidade da família humana, construída desde agora pela força da encarnação, pela caridade do Espírito Santo difundido por toda a parte: Jesus colocou o céu na terra. Ele não criou uma comunidade de renunciadores ascéticos, como os budistas. Uma vez que Deus veio à terra, isso significa que o Reino de Deus acontece aí. Não será uma supersociedade das nações, não; nem sequer estou sugerindo que o possamos construir por nossas próprias forças, mas pela caridade que Deus infunde em nós, que nos faz esquecer nosso pequeno ego para pensar nos outros. Portanto, o Reino de Deus é unidade, fraternidade entre os homens. Por que imaginar que haverá um novo templo, no qual estaremos constantemente queimando incenso para a imagem de Deus? Prefiro pensar que ele vai nos pôr a trabalhar no mundo, para reparar as estrelas que explodiram, enfim empreender esse tipo de coisas; e então trazer paz onde há guerra.

Esta palavra "Reino" pode soar um tanto antiquada para os nossos ouvidos republicanos; e quando acrescentamos "de Deus", temos de ter cuidado para não retirarmos toda sua eficácia no tempo do mundo. O "Reino de Deus" é um símbolo que usamos para falar de um mundo melhor, no qual pomos nossa esperança; esperamos que venha de Deus, porque sabemos que há demasiado egoísmo e ódio no coração dos homens para que ele possa ser edificado por nossas próprias forças; mas isso não nos impede e não nos dispensa de envidar todas os nossos esforços a serviço de Deus para servirmos de instrumentos na edificação de seu Reino no meio de nós. Por isso, acreditamos que o Reino acontece aqui e agora, ele está presente e está para chegar. Observar os sinais dos tempos é perguntar: onde ele está neste momento, onde pode estar, onde deve acontecer, para que possamos trabalhar nele em colaboração com Deus e com os irmãos humanos?

Mas os obstáculos são tantos! Como esta ideia de Reino de Deus pode ser levada a sério sem romper ou entrar em conflito com o mundo?

É claro que entramos em conflito com o mundo. O que é o mundo, senão a tendência do universo de voltar-se para si mesmo. O mundo é a força da inércia, é a repetição do mesmo, cada um por si mesmo, o maior número possível de bens e prazeres para mim hoje, e que se danem os outros contemporâneos e os que ainda virão. É isso que desvia o meu olhar dos pobres que encontro. Este é o mundo, o espírito do mundo. É querer deter a evolução e canalizar tudo para meu próprio bem.

A luta contra o espírito do mundo durará até o fim dos tempos. O prólogo do Evangelho de João mostra que em seus inícios a criação foi a luta da luz contra as trevas. Isso não mudou em nada, porque a criação é um processo ininterrupto. Porque há luz, há também escuridão. A fé é acreditar que as trevas não conseguem deter a luz. Por quê? Porque o próprio Jesus veio em nossas trevas, ele que é a luz que brilha neste mundo. Isso significa que ele destrói todas as forças de morte, envelhecimento, inércia, passividade, que impedem o mundo de se desenvolver, de se tornar um universo aberto.

Então, sim, a luta se instaura em todo e qualquer tempo. Pode ser que, quando estivermos no invisível do mundo, possamos ver melhor o Reino de Deus se formando, apesar de todos os obstáculos, pelos escombros do mundo. Muitas pessoas pensam assim: o Reino de Deus é uma palavra que resume as utopias que os homens imaginam para conjurar seus males. Isso é possível. Para nós, crentes, é a fé, é a esperança de que, apesar de tudo o que vemos, Deus continua trabalhando sem parar para realizar no universo seu projeto criador; é o desejo ardente de "que a sua vontade seja feita tanto na terra como no céu", como Jesus nos ensinou a rezar. É uma fé que se realimenta sempre que conseguimos vislumbrar aqui e ali microrrealizações do Reino de Deus, que não precisam necessariamente acontecer dentro de nossas Igrejas! Quando vemos ateus dando-nos lições de caridade, deveríamos poder reconhecer nisso a presença do Reino de Deus, o reino que está se realizando e que reaviva nossa fé. O fato de ver essas coisas, poder reconhecê-las, e por elas dar graças, talvez seja o fator que desencadeia e faz crescer o Reino de Deus.

Um olhar profético?

Profetizar não é adivinhar o futuro, é vê-lo sair do passado, e dizer: veja, há algo de novo surgindo ali, há vida; a vida é sempre nova; é nisso que eu tenho de trabalhar.

O senhor estava dizendo há pouco que o espetáculo, às vezes microscópico ou muito circunscrito, do advento do Reino de Deus era um elemento de fortificação da fé. Disse também que os sacramentos eram outro elemento de sustentação da fé. Em nosso mundo, cheio de grandes injustiças, inúmeros escândalos e vida dura, existem outras maneiras de sustentar essa fé que em muitos ameaça desaparecer? Outros elementos que nos permitam transformar nossos engajamentos no mundo em caminhos de fé?

Você está se referindo à oração? A oração não é pedir a Deus que intervenha para fazer o que eu não posso fazer, ou para fazer mais do que eu posso. A oração é o silêncio que nos permite absorver a gratuidade de Deus; creio que é isso. Não temos o poder de fazer Deus intervir no mundo. Deus intervém no mundo somente pela comunhão dos espíritos. Ele nos faz fazer coisas. Faz com que procuremos as coisas juntos. É assim que ele intervém no mundo, não de outra forma. É a oração, e sobretudo o silêncio, que nos permite ter de certo modo a visão de Deus sobre o mundo e que nos impregna com sua gratuidade. A gratuidade da vida, a gratuidade do amor. E é isso que transforma nossa ação, nosso pensamento, nossa linguagem, nosso ser com os outros. É a gratuidade que nos desprende de nossos *a priori*, nossos interesses, nossas ideias prontas, e que, pelo fato de nos libertar de tudo isso, abre nossa visão e nos permite ver os outros, vê-los de verdade.

Nos faz vê-los de modo diferente do que os vemos usualmente. Sim, a oração pode nos dar um olhar profético para vermos o que está a ponto de nascer. E isso é importante.

Certa vez, os discípulos disseram a Jesus: "Vimos um grupo de pessoas fazendo milagres em teu nome: seria bom fazermos descer fogo do céu sobre eles". É normal que, quando vemos alguém fazendo o mesmo que nós, dizendo a mesma coisa que nós, nos sintamos frustrados; isso é uma espécie de ciúme mimético", diria René Girard. Este ciúme que se apodera de nós pode até nos transformar em assassinos, como mostra bem a história de Caim, enciumado de seu irmão Abel. Poder alegrar-se com o bem que está sendo feito pelos outros, eis aí a oração que vai transformando lentamente nosso modo de ver. Isso não é uma conversa imaginária com Deus, mas sim permitir ser desconstruído, desarticulado. Via de regra, estamos fechados em nós, enrijecidos, retraídos, tensos; temos nossas verdades, nossas evidências. Saber e poder relaxar, abrir-se, ouvir os outros, duvidar das próprias convicções, tudo isso é realizado pela oração que opera por meio do silêncio, que nos impregna da gratuidade de Deus, mesmo que não pensemos sobre isso. Orar é também permitir se aclimatar em nós alguma palavra do Evangelho que nos põe em comunhão com o pensamento de Jesus, com palavras cujo significado é inesgotável – como o preceito "amai os vossos inimigos" –, é cuidar das feridas de um homem caído à beira da estrada. A oração é isso. É bem verdade que gostaríamos que ela atuasse imediatamente no espírito das pessoas: não, ela não tem efeito mágico. Seu único efeito é que o Espírito de Deus que ela infunde em nós será comunicado por meio de nossas relações com os outros. Ele se transmitirá por nossas palavras, nossos novos modos de agir uns com os outros; e é isso que faz com que o Reino de Deus comece a nascer suavemente. Jesus usou imagens bem simples para falar do Reino: um "grão de mostarda" não é lá muita coisa. Ele não pensava em um templo gigantesco, nem mesmo na cúpula do Vaticano; ele era bem mais modesto. O Reino é aquilo que tenho de fazer hoje, agora. E, quando percebo que devo fazê-lo, é a oração que me dá a força para realizá-lo. O espírito de Jesus está em mim e me ajuda a fazer um mínimo que seja, dar mais um passo.

Como os *círculos de silêncio* organizados por todo lado em torno da ideia de recusa dos centros de retenção?

Quando há problemas tão graves que não sabemos como resolvê-los, quando nos sentimos impotentes para agir, penso que a oração nos permite alguma forma de ação, pois nos faz tomar parte nesse estado de impotência. Então é aí que ouvimos a voz que nos diz: sim, pelo menos você pode fazer alguma coisa, você pode mudar a situação. Comece imediatamente e mude sua mente, mude seu olhar, mude seus hábitos. E algo irá surgir daí. Acreditamos na eficácia de coisas pequenas, dos pequenos esforços.

Como cristão de confissão católica, sinto que hoje a instituição se transforma num obstáculo. A pergunta que me faço, e não sou o único que pergunta, é: para que serve a Igreja? O importante é viver a fé da maneira mais autêntica possível, vivê-la na comunidade. Mas hoje não vejo realmente o interesse de permanecer de algum modo solidário com a instituição vaticana.

Talvez devêssemos procurar um modo de pertencer à Igreja que não seja puramente institucional, que não seja apenas obediência a uma hierarquia, digamos a uma pessoa, a pessoa do papa.

O interesse de permanecer na Igreja é duplo. Em primeiro lugar, para dar testemunho do evento de Jesus. A instituição cristã traz o nome de Jesus; isso é algo importante. Em segundo lugar, é um fator de universalismo; e isso também é importante. Essas duas coisas já nos dão a base para uma iniciativa social, vamos em sociedade.

Dito isso, sabemos, devemos saber, como dizíamos inicialmente, que ser cristão não se resume a estar na Igreja. Sou cristão para ir ao mundo, para difundir o Evangelho no mundo. O fato de eu ir ao mundo a partir da Igreja ainda traz a assinatura de Jesus sobre o que vou fazer. Será importante trazer essa assinatura de Cristo? É importante para dar às pessoas o acesso ao Evangelho e talvez de se preparar para Cristo. Se eu amo a Cristo, vou me alegrar que os outros também o conheçam e o amem.

Fico feliz em deixar que os outros saibam de minha ligação com Cristo. Isso não significa que eu lhe diga imediatamente: venha à Igreja, participe dos sacramentos da Igreja, fora da Igreja não há salvação. Não, não vou dizer isso. Mas quando amamos alguém, gostamos de falar sobre isso, de compartilhar o amor, de partilhar a afeição que temos por alguém ou por uma ideia. Se você, por exemplo, gosta da cidade de Roma, ou digamos gosta ainda mais de Veneza, você dirá: vá passear por dez dias em Veneza, é magnífica.

Para nós, a Igreja é também o lugar onde participamos da vida sacramental, sobretudo da vida eucarística que nos dá fé e energia. É assim que o vejo. Mas também podemos dizer: não se é cristão por trabalhar apenas na Igreja. Talvez seja essa a questão agora. Enquanto por muito tempo a Igreja disse aos fiéis: "O vosso lugar de ação é o mundo" – este foi o princípio da Ação católica – agora parece que a Igreja quer fazer com que os cristãos se voltem só para ela; uma vez que já não há sacerdotes suficientes, diz-se aos cristãos: primeiro é preciso dar vida à Igreja; portanto, trabalhem na Igreja – ah, sim, mas desde que também não queiram ofuscar os sacerdotes. A Igreja encontra-se numa situação totalmente ambígua, e até contraditória, porque precisa do trabalho dos leigos, ao mesmo tempo em que não quer que os leigos tomem o lugar dos clérigos. Portanto, é provável ou até certo que devemos transformar o modo do ser Igreja. Haveria um sentimento de simplificação e de desalento em dizer: oh, vou viver minha pequena vida cristã sossegado em meu canto, talvez com um ou dois amigos. E dizer "com um ou dois amigos" já é bom. Ter em mente a ideia de reagrupar-se com cristãos, como eu, que estão cansados da instituição, de formar uma comunidade eclesial, é uma maneira de se retirar sem romper com a Igreja – como nos recordou dom Pézeril, quando mostrou sua solidariedade com os judeus no silêncio da instituição, dizendo: "Sabíamos que éramos a Igreja". Somos também a Igreja, mesmo que o que fazemos não seja institucional, não seja comandado pela instituição, não se realize sob o rótulo institucional.

É verdade que o Evangelho promove a pessoa, mas também promove a socialidade. Ainda assim, a comunidade continua sendo o corretivo à pura individualidade.

Mas o que dizer a todos os cristãos que na torrente das palavras que ouvimos apenas do papa e de seu entorno se sentem abandonados?

Este é o drama de hoje. Muitos cristãos sentem-se sozinhos e muitos emigram. Um fazendo alarde, o outro saindo discretamente. É verdade. Mas não é pelo autoisolamento que nos sentiremos menos abandonados. O fato de sentir esse abandono já nos deveria dar a ideia de "fazermos Igreja de maneira diferente", um tanto afastados da instituição, mantendo certa relação com ela. Mas vamos tentar dar vida a comunidades de cristãos fora do âmbito da Igreja, fora das reuniões da Igreja; vamos tentar isso com algumas pessoas, ou fazer algo em nome de Jesus, por exemplo para os imigrantes.

Em seu livro *Vers la justice de l'Évangile*, Pierre de Charentenay mostra o que foi o ensino social da Igreja e questiona o que ele poderia ser hoje. Em questões de financeirização da economia, ele observa que não há qualquer reflexão do Magistério, quando na verdade seria necessário boa reflexão teológica sobre isso, e pensa que cabe aos leigos essa iniciativa.

Concordo plenamente com essa proposição. Na Igreja, escutamos demais a voz dos bispos, além de que via de regra ela não passa de um eco da voz de Roma. Raramente se ouve uma voz pessoal, quase nunca se ouve a voz de um leigo ou de uma leiga. E quando muito se ouve alguma voz em revistas, como *Témoignage chrétien*, *Parvis*, ou *Études*, que você mencionou, e algumas outras, às vezes também em algum jornal, como *La Croix*. Sim, precisamos ouvir a voz dos católicos, como buscam fazer as comunidades de base. *Parvis*, por exemplo, tem interesse em mostrar o que está sendo feito em toda a França, mostrar que aqui e ali começam a acontecer pequenas mudanças. Para mim, é assim que poderá haver uma recuperação da Igreja. Sua figura institucional está em processo de ruína. Na verdade, recentemente ela tem recebido golpes muito duros. É fácil ver que não poderá continuar em sua forma atual.

Como irá mudar de rumo? Que estradas novas poderá abrir? Não sabemos. O mais importante é que, a partir de agora, sem esperar incentivos ou instruções de cima, os cristãos façam viver o Evangelho ali onde estão e se reúnam entre si para viver o Evangelho. Isso terá um efeito da desinstitucionalização, o que permitirá que a instituição se reposicione de forma diferente.

É importante que a liberdade cristã comece a se tornar real e consistente. Sempre se esquece que Cristo nos chamou para a liberdade (Paulo aos Gálatas) – como dar lugar à liberdade do sujeito, que não é um espírito de rebelião, mas que não é apenas liberdade diante do pecado. Ao falar de "liberdade", Paulo estava se referindo à instituição legalista da religião judaica, dos múltiplos e meticulosos preceitos da Lei mosaica e do culto do templo, além das tradições dos anciãos e dos rabinos. Mas em grande parte cabe aos próprios cristãos assumir essa liberdade. Além disso, o direito canônico assegurou certa base jurídica a essa liberdade, reconhecendo as associações de leigos. Mas não é necessário colocar-se sob a guarida de uma forma canônica para começar.

Qual a ajuda que nos pode oferecer a espiritualidade inaciana, que o senhor pratica como jesuíta?

A espiritualidade inaciana é a contemplação de Jesus. Trata-se de uma volta ao Evangelho. Santo Inácio inaugurou uma nova maneira de rezar, que não só apela ao sentimento e à imaginação, mas que nos remete à ação no seguimento de Cristo, lembrando-nos que o nosso campo de trabalho é o mundo. No livro dos *Exercícios espirituais* de Inácio, há uma palavra importante, o "eu": "vencer a si mesmo"; "o que quero e desejo". Contemplar, pedir a graça, refletir sobre o que quero haurir dessa contemplação. Existe, portanto, uma disposição do "eu" que indica: nós temos, eu tenho coisas a fazer. Não só o "nós" cristão, mas o "eu" – eu que me comprometi a seguir Jesus. E depois há o chamado à missão, outro ponto muito importante. A gente não é cristão simplesmente por marcar presença, nem por estar indo à igreja. A missão é o chamado para ir ao mundo, percorrer o mundo – um percurso que pode ser feito de muitas maneiras: aventurar-se em países estrangeiros, em diferentes culturas, na economia, na ciência, na pedagogia.

Os *Exercícios espirituais* são a própria escola do pensamento inaciano. Uma vez que se tenham passado e repassado os exercícios – mesmo respeitando às necessidades de cada um – o espírito dos *Exercícios* está em nós. De certa forma, fazemos os *Exercícios* toda vez que abrimos o Evangelho no espírito de Inácio. Em geral, os *Exercícios* supõem um acompanhamento, a gente não os faz sozinho; também significa que para entrar no espírito dos *Exercícios*, deve-se compartilhar o Evangelho com os outros, estimular-se mutuamente.

O espírito dos *Exercícios* nos reenvia à obra da criação: temos de assumir a responsabilidade pela obra de Deus. Essa espiritualidade recorda-nos que praticamos uma religião encarnada, que a vida cristã não se restringe ao âmbito da interioridade. Ela é vivida na amplidão, na vastidão do mundo.

Epílogo

Desde nossa primeira entrevista, o senhor falava de uma "necessidade religiosa" que continua a se manifestar, embora tenha evoluído. O senhor considera que tal "necessidade" representa um fato antropológico fundamental ou certa forma de infantilismo, que indica a dificuldade da humanidade em passar para a idade adulta e assumir a responsabilidade por si, sem precisar apelar para os além-mundos?

Não tenho certeza, não sei a resposta. Vamos ver no fim se a ideia religiosa consegue se manter e se fortalecer de outro modo, ou se esvazia. O que restará do cristianismo no final deste século, não sei, não posso dizer. Lembro igualmente que falar da crise da Igreja é uma abstração; na verdade temos de falar de uma crise geral de civilização. E o que irá emergir dali? O que vai sobrar da nossa civilização humanista, sinceramente não sei. Então, como se diz, tento manter minha fé em Deus, no Deus revelado em Jesus Cristo; procuro mantê-la fazendo – ou antes deixando – evoluir o mais longe possível as representações religiosas, ou seja, de modo a poder pensar sempre na fé cristã com o espírito do homem do século XXI, manter uma fé capaz de abraçar os desafios de toda a humanidade. É assim que tento pensar minha fé.

Então, vai chegar o dia em que terei de afirmar que tudo o que me resta da fé é um resquício de infantilismo, não consigo excluí-lo! Vejo cristãos, teólogos que evoluíram assim, que decidiram fazer a travessia, rejeitar completamente os hábitos de infância que os acompanhavam, mas que um dia se tornaram insuportáveis! Então não sei bem! Isso acontecerá comigo? Tudo o que posso dizer, porém, é que tenho ciência de precisar defender minha fé contra a tentação de dizer: "Sim, trata-se apenas de um resquício de infantilismo que me vem do fundo da humanidade do segundo milênio antes da nossa era", ao qual aludi algum tempo atrás. Sim, tenho de me defender contra isso, e ao fazê-lo liberto minha fé de todas as representações infantis, consinto em crer perigosamente, isto é, em pôr minha fé em risco, ao mesmo tempo em que sinto que é a minha própria fé que me exige essa evolução. Porque, se tivesse de me convencer de que só creio em Cristo pelo que me resta da crença pagã dos velhos tempos, então eu deveria ser consequente, mesmo frente ao que eu tinha de fé, e dizer: "Renuncio a ela!" Mas, ao mesmo tempo, o que me resta como esperança...? *(silêncio)*.

Digo isso para responder honestamente à sua pergunta, sem pretensões ou provocações. Mas não pensem que eu oscile na fé; é claro que eu questiono, mas de forma lúcida e decidida, porque a fé é essencialmente ação, compromisso e confiança. Ademais, não penso que a crença dos velhos tempos, assim como ela se inscreve na história, seja infantilismo; pelo contrário, considero que se trata de um itinerário racional da humanidade em busca de sentido e em resposta ao apelo de Deus.

Por enquanto, eu diria que sigo um critério de verdade, a saber, que a minha fé me ajuda a viver, a pensar. Mas ela não me afasta – obviamente porque permito que ela evolua – da sociedade em que vivo; continuo solidário com a humanidade, mesmo em crise. Por ora, minha fé me dá a convicção de que, enquanto eu puder guardá-la e difundi-la, pelo menos sob a forma de humanismo evangélico, é precisamente aí que sou mais efetivamente solidário com a sociedade, em que ajudo a humanidade a avançar para um destino verdadeiramente humanista, não para um destino de barbárie que já vemos apontando no horizonte, e que por vezes é denunciado abertamente em jornais, mesmo não sendo jornais cristãos! Gostaria de poder dizer que a causa de Deus e a causa do homem não são distintas. E gostaria de dizer isto sem forçar ninguém a crer em Deus, sem dizer: "Vocês que não creem são um perigo público!" Mas no dia em que minha fé já não passa, para dizer assim, de um desejo pela vida além da morte, aí é bem provável que eu simplesmente a deixe ruir... Não quero criar um pedaço de paraíso para mim mesmo apenas ou para alguns poucos, algumas pessoas do passado, paraíso do qual seriam excluídos três quartos da humanidade. Nesse sentido, quando defendo um humanismo evangélico, meu desejo é que toda a humanidade encontre sua salvação, e nem me refiro à salvação numa outra vida, mas um prolongamento da vida para além de si mesma, isto é, nessa fonte infinita que mantém a vida e o pensamento da humanidade...

Para concluir, gostaria que voltássemos nosso pensamento a todos os crentes de confissão cristã que – por várias razões – atuam "fora da Igreja". O que teria a lhes dizer?

Eu diria que a fé se nutre pela comunicação, pela conversação, pela convivência – e que a esse respeito os crentes que gostam de viver sozinhos correm o risco de não permanecer crentes por longo tempo, e igualmente de não ter o mesmo impacto a seu redor se procuram *irradiar* sua fé na sociedade. É neste sentido que a fé exige certa forma societária.

Ademais, talvez no caso da Igreja do porvir – eu teria bastante tendência em fazer –, devêssemos distinguir entre dois tipos de formas societárias: uma que seria muito mais livre, muito mais orientada pelo Evangelho, mais autônoma, e a outra que seria mais ritualista, mais instituída. É mais ou menos desse modo que vejo a renovação da Igreja: manter uma hierarquia ministerial e um sacerdócio – ou ministério presbiteral, pouco importa – em paralelo com grupos, comunidades cristãs independentes, embora controladas, regulamentadas, reconhecidas pelo bispo, mas com uma administração própria e nutrindo-se sobretudo do Evangelho; poderia haver algumas celebrações, sim, isso ainda pode ser revisto, mas poderíamos conceber celebrações eucarísticas privadas, "domésticas" – como era nos primeiros séculos – que seriam diferentes das que são celebradas na igreja e cujos ministros seriam sacerdotes consagrados. É algo a ser considerado... Estes são alguns pontos que proponho não como soluções já prontas, mas para reflexão, porque, se quisermos que as coisas andem, não deveremos excluir nenhuma proposta.

PSICOLOGIA SOCIAL

Confira outros títulos da coleção em

livrariavozes.com.br/colecoes/psicologia-social

ou pelo Qr Code

PSICOLOGIA SOCIAL

O PSICÓLOGO E AS POLÍTICAS PÚBLICAS DE ASSISTÊNCIA SOCIAL

2ª Edição

LIAN RODRIGUES DA CRUZ
SUZA GUARESCHI (Orgs.)

EDITORA VOZES

PSICOLOGIA SOCIAL

PSICOLOGIA SOCIAL E SAÚDE

Práticas, saberes e sentidos

7ª Edição

MARY JANE P. SPINK

EDITORA VOZES

PSICOLOGIA SOCIAL

A INVENÇÃO DA SOCIEDADE

Sociologia e Psicologia

SERGE MOSCOVICI

EDITORA VOZES

Conecte-se conosco:

facebook.com/editoravozes

@editoravozes

@editora_vozes

youtube.com/editoravozes

+55 24 2233-9033

www.vozes.com.br

Conheça nossas lojas:

www.livrariavozes.com.br

Belo Horizonte – Brasília – Campinas – Cuiabá – Curitiba
Fortaleza – Juiz de Fora – Petrópolis – Recife – São Paulo

EDITORA VOZES — VOZES NOBILIS — Vozes de Bolso — Vozes Acadêmica

EDITORA VOZES LTDA.
Rua Frei Luís, 100 – Centro – Cep 25689-900 – Petrópolis, RJ
Tel.: (24) 2233-9000 – E-mail: vendas@vozes.com.br